Timide ?

Ne laissez plus la peur
des autres vous gâcher la vie

Eyrolles
1, rue Thénard
75240 Paris Cedex 05

www.editions-organisation.com
www.editions-eyrolles.com

Dr Martin M. Antony et Dr Richard P. Swinson

Timide ?

Ne laissez plus la peur des autres vous gâcher la vie

Traduit de l'anglais par Emily Borgeaud

EYROLLES

Dans la même collection, chez le même éditeur :

Valérie Bergère, *Moi ? Susceptible ? Jamais !*

Marie-Joseph Chalvin, *L'estime de soi*

Michèle Declerck, *Le malade malgré lui*

Ann Demarais, Valerie White, *C'est la première impression qui compte*

Lorne Ladner, *Le bonheur passe par les autres*

Virginie Megglé, *Couper le cordon*

Catherine Podguszer, Saverio Tomasella, *Personne n'est parfait !*

Ron Potter-Efron et Pat Potter-Efron, *Que dit votre colère ?*

Saverio Tomasella, *Faire la paix avec soi-même*

À mes mentors, David H. Barlow et Richard P. Swinson

Remerciements

Un grand merci à Kayla Sussell et Catherine Sutker chez New Harbinger Publications pour la qualité de leur collaboration. Merci également à Rebecca McEvilly pour avoir relu et mis en page le manuscrit, ainsi qu'au Dr Mark Watling pour ses précieux commentaires sur le chapitre 10. Enfin, un merci tout particulier à Cynthia Crawford pour son soutien et ses encouragements de tous les instants.

Table des matières

Introduction

Qui ne s'est, un jour ou l'autre, senti mal à l'aise en société, gêné en présence d'inconnus ? La timidité et l'anxiété sociale sont des sentiments profondément humains. Certains individus, toutefois, y sont davantage sujets que d'autres et, ressentent surtout ces sentiments avec une intensité qui les fait souffrir ou les handicape dans leur vie quotidienne. Si vous vous préoccupez plus que de raison de ce que les autres pensent de vous, si l'idée de prendre la parole en public ou de parler à des inconnus vous paralyse, si vous fuyez les soirées ou les rendez-vous galants parce que vous vous sentez incapable d'affronter le regard d'autrui, alors ce livre est fait pour vous. Il sera également un compagnon précieux si vous voulez aider un ami ou un proche à sortir du tunnel de l'anxiété sociale.

Nous l'avons voulu différent de la littérature habituelle sur la timidité et l'anxiété sociale. Cet ouvrage se fonde exclusivement sur des traitements et des ressources thérapeutiques, dont l'efficacité a été démontrée par des travaux scientifiques conduits auprès de groupes d'individus souffrant de formes extrêmes de phobie sociale. Les stratégies que nous vous proposons sont les mêmes que celles utilisées par les médecins et les thérapeutes spécialistes de la prise en charge de l'anxiété sociale.

Nous avons par ailleurs volontairement privilégié un format accessible à tous. Notre objectif, en effet, est de proposer au lecteur une première approche des techniques existantes. Si vous trouvez utiles les stratégies décrites dans ce livre, vous aurez peut-être envie d'aller plus loin et de lire des manuels plus spécialisés. Nous vous proposons en fin d'ouvrage une liste bibliographique à cette fin.

La lecture d'un livre peut-elle aider un individu à vaincre sa timidité ? C'est une question à laquelle il est difficile de répondre, car les recherches consacrées aux traitements dits d'« auto-thérapie » pour surmonter la timidité et l'anxiété sociale sont peu nombreuses. Nous sommes néanmoins convaincus que ce livre sera un guide précieux et utile pour tous ceux qui souhaitent aborder avec davantage de sérénité les interactions sociales de la vie quotidienne. En effet, comme nous l'avons évoqué, il repose sur des traitements dont l'efficacité a été prouvée lorsqu'ils sont administrés par un thérapeute[1]. Qui plus est, des travaux attestent des bons résultats obtenus avec l'auto-thérapie pour la prise en charge d'autres troubles anxieux, comme les crises d'angoisse.[2]

Tout au moins ce livre vous apportera-t-il des informations sur les stratégies efficaces pour vaincre votre timidité – même si vous éprouvez des difficultés à utiliser seul les techniques que nous vous proposons. Vous n'en serez ainsi qu'un consommateur plus averti et mieux armé pour rechercher, le cas échéant, l'aide d'un professionnel.

---

1. ANTONY M. M., MCCABE R. E., "Anxiety Disorders: Social and Specific Phobias", In *Psychiatry*, TASMAN A., KAY J., LIEBERMAN J. A.
2. GOULD R. A., CLUM G. A., "Self-help Plus Minimal Therapist Contact in the Treatment of Panic Disorders: a Replication and Extension", *Behaviour Therapy*, n° 26 ; HECKER J. E. *et al.,* "Self-Directed versus Therapist-Directed Cognitive Behavioural Treatment for Panic Disorder", *Journal of Anxiety Disorders*, n° 10(4) par exemple.

Ne vous méprenez pas : la simple *lecture* de ce livre, cela va sans dire, ne suffira pas à révolutionner votre vie. Seule la pratique assidue des techniques et des exercices proposés vous permettra de faire évoluer vos comportements. Pour obtenir de réels résultats, il est également indispensable que vous suiviez vos progrès au jour le jour. En la matière, il n'est de plus précieux outil qu'un support papier sur lequel vous prendrez des notes et consignerez vos expériences : ce livre sera aussi votre journal de bord.

Lire un ouvrage de décoration ne rendra pas votre maison plus belle, sauf à prolonger votre lecture par un dur labeur ! Il en est de même des techniques de prise en charge de la timidité. Maîtriser votre anxiété sociale ne sera possible que si vous apportez des changements à votre façon de penser et de vous comporter, face aux situations qui déclenchent votre angoisse. La lecture de ce livre ne vous demandera pas beaucoup de temps. En revanche, la mise en pratique des stratégies sera un processus continu, qui durera des mois, voire des années. Avec un peu de patience, et beaucoup de travail et de détermination, vos efforts seront récompensés, soyez-en assuré. Bonne chance !

Comprendre la timidité et l'anxiété sociale

Depuis sa plus tendre enfance, Sita se montre silencieuse et réservée avec les personnes qu'elle ne connaît pas bien. Elle a souvent du mal à trouver des sujets de conversation, et elle a peur que les autres la trouvent ennuyeuse ou bête. Lorsqu'elle change d'emploi, il lui faut des mois avant de se sentir à l'aise avec ses nouveaux collègues. Avec sa famille ou ses amis, Sita n'est plus la même : bavarde, sûre d'elle, elle laisse libre cours à un sens de l'humour particulièrement acéré.

Walter n'a aucun mal à engager une conversation avec des inconnus dans des soirées, il se sent parfaitement à l'aise dans toutes les situations informelles de la vie sociale. En revanche, être le centre d'attention le terrifie, en particulier dans un contexte professionnel. Prendre la parole en public lui semble presque impossible. À la seule idée de présenter un bref compte rendu devant deux ou trois personnes, son cœur bat la chamade. Ses études et sa carrière en ont pâti. Walter a par exemple refusé plusieurs promotions, parce qu'il savait que les postes qu'on lui proposait l'obligeraient à faire des présentations.

José a réellement envie d'entretenir une relation amoureuse durable. Pourtant, cela fait plusieurs années qu'il n'a aucune partenaire dans sa vie. Ses amis ont beau lui dire qu'il est séduisant et intéressant, il est extrêmement mal à l'aise lorsqu'il sort pour la première fois avec une femme. Au fil des minutes, sa nervosité augmente, il commence à transpirer à grosses gouttes, perd le fil de ses pensées et finit par se réfugier dans le silence. Rebutées par cette attitude, les femmes se détournent de lui... ce qui ne fait que renforcer sa conviction : il est incapable d'intéresser le beau sexe.

Cindy fait tout ce qu'elle peut pour ne pas paraître stupide devant autrui. Elle contrôle en permanence sa manière d'être, et répète ses présentations des jours entiers pour être certaine de les connaître par cœur et de ne pas commettre la moindre erreur. Elle évite systématiquement toute situation présentant le moindre risque de se ridiculiser. « Par exemple, j'ai tellement peur de commettre une erreur en voiture, et que les autres pensent que je ne sais pas conduire, que je fais des détours à n'en plus finir pour ne pas prendre une rue embouteillée », explique-t-elle.

Toutes les situations sociales ou presque effraient Natacha. Même le fait de demander son chemin ou l'heure à un passant dans la rue lui semble une épreuve insurmontable. Marcher dans une rue animée est pour elle un véritable supplice, parce qu'elle est convaincue que les autres l'observent et vont porter un jugement négatif sur elle. Elle évite systématiquement les fêtes ou les conversations avec les inconnus. Elle fuit toute situation qui exigerait qu'elle soit le centre d'attention et ce, jusqu'à une banale conversation téléphonique, par crainte de produire une mauvaise impression sur ses interlocuteurs. Récemment, sa solitude et son isolement l'ont plongée dans une profonde dépression. « À quoi bon continuer à vivre si les choses ne changent pas ? », se demande-t-elle de plus en plus souvent.

Lance vient juste de quitter la petite ville du Michigan où il est né, pour s'installer à Chicago à la suite d'une mutation professionnelle. Alors qu'il avait beaucoup d'amis et une vie sociale bien remplie dans sa ville natale, il a du mal à rencontrer des gens à Chicago, car il fait souvent preuve d'une certaine timidité avec les personnes qu'il ne connaît pas. La solitude commence à lui peser, et il se demande même s'il n'aurait pas mieux fait de refuser ce nouveau poste.

Ces six personnes très différentes ont en commun de souffrir de timidité et d'anxiété sociale à des degrés divers. L'anxiété de Lance, par exemple, est essentiellement liée au fait de rencontrer de nouvelles personnes. Bien que cela n'ait jamais été un problème par le passé, son anxiété est devenue un réel handicap lorsqu'il s'est installé dans une ville inconnue. À l'autre extrémité du spectre, l'anxiété sociale de Natacha l'empêche presque de sortir de chez elle. Dans les quatre autres cas, l'anxiété est limitée à des situations sociales spécifiques, comme avoir rendez-vous avec une femme ou s'exprimer en public. Mais ces six individus sont tous liés par la peur d'être jugés négativement par les autres.

Timidité et anxiété sociale : définitions

La timidité et l'anxiété sociale sont des concepts apparentés mais distincts.

Le mot « timidité » renvoie à une tendance prononcée à se tenir en retrait, à se sentir gêné ou maladroit dans des situations impliquant des interactions sociales : conversations, rendez-vous, rencontres, brèves interventions, échanges téléphoniques, affirmation de son point de vue, rapport au conflit et expressions de sentiments personnels. La timidité est également associée à une tendance à l'introversion : les personnes timides sont souvent repliées sur elles-mêmes et en retrait.

Le terme « anxiété sociale » désigne le fait de se sentir nerveux ou mal à l'aise dans des situations qui impliquent que l'on puisse être observé, jaugé ou jugé par autrui.

Les individus timides sont sujets à l'anxiété sociale lorsqu'ils doivent interagir avec d'autres, mais l'anxiété sociale touche également des personnes qui ne sont pas particulièrement timides. Par exemple, certains individus plutôt extravertis se sentiront mal à l'aise dans des situations où ils sont exposés au regard des autres : prendre la parole en public, manger ou écrire en présence d'autres personnes, utiliser des toilettes publiques, faire la preuve de leurs compétences ou de leur talent, être observés, commettre une erreur en public ou encore faire des exercices physiques dans une salle de gym.

En résumé, lorsqu'une personne a peur d'être gênée ou humiliée dans des situations d'interactions sociales ou de performance, on dira qu'elle est sujette à l'« anxiété sociale ». Et lorsqu'une personne est mal à l'aise dans ses rapports avec autrui en général, elle sera qualifiée de « timide ». L'anxiété en situation sociale n'est cependant pas l'apanage des timides : comme nous l'avons dit, la timidité et l'anxiété sociale sont des sentiments normaux, nous y sommes tous sujets de temps à autre. Nous verrons plus loin comment distinguer une anxiété normale d'une anxiété plus sévère, qui risque d'être un handicap.

Les composantes de l'anxiété sociale

L'anxiété sociale est généralement vécue comme un sentiment de gêne, de malaise souvent écrasant, difficile à décrire et à contrôler. Pour mieux comprendre votre timidité et votre anxiété sociale, une stratégie efficace consiste à les décomposer en éléments plus faciles à maîtriser. La plupart des émotions, y compris l'anxiété, peuvent être appréhendées sous trois aspects : un aspect physique (ce que vous ressentez), un aspect cognitif (ce que vous pensez) et un aspect comportemental (ce que vous faites).

La dimension physique

Lorsqu'une situation sociale provoque de l'anxiété chez un individu, celle-ci se manifeste à travers un large éventail de symptômes physiques. Bien souvent, les manifestations les plus déstabilisantes sont celles que les autres peuvent remarquer : transpiration, tremblements, rougissements et confusion du discours. Mais ce sont loin d'être les seules : accélération du rythme cardiaque, souffle court, nausées, étourdissements et autres manifestations d'excitation physique sont aussi de la partie.

Lorsque la peur de l'individu s'accompagne d'au moins quatre symptômes physiques, on parle d'« attaque de panique ». Les symptômes physiques qui se manifestent pendant ces bouffées de peur sont les mêmes que ceux qu'expérimente l'être humain lorsqu'il est sujet à d'autres émotions intenses, lors d'une activité sexuelle ou d'exercices physiques notamment.

La dimension cognitive

La composante cognitive de la peur et de l'anxiété renvoie aux pensées, aux hypothèses, aux interprétations et aux anticipations qui déterminent ce qu'éprouve l'individu. Dans le cas de l'anxiété, ces croyances sont généralement dominées par la notion de danger ou de menace. En voici quelques exemples :

- Il est important que tout le monde m'aime, tout le temps.
- Si je fais une présentation en public, je vais me ridiculiser.
- Si je commets une erreur, les gens se diront que je suis incompétent.
- Je dois toujours être intéressant et distrayant.
- Si quelqu'un me dévisage, c'est sûrement parce qu'il pense du mal de moi.
- Si Untel ne m'apprécie pas, personne ne m'appréciera.

- Ce serait effroyable de rougir, de trembler ou de transpirer devant les autres.

- Les gens se rendent compte tout de suite que je suis anxieux.

- Je dois essayer de dissimuler mes symptômes d'anxiété.

- L'anxiété est un signe de faiblesse.

- Lorsque je suis trop anxieux, je ne peux pas m'exprimer.

Si vous avez ce genre d'idées en tête, il n'est guère surprenant que les situations sociales soient pour vous une torture, surtout si votre anxiété est visible. Dans de nombreux cas, on considère que ces croyances sont directement responsables des épisodes anxieux, ou du moins qu'elles contribuent à entretenir l'anxiété une fois que celle-ci s'est manifestée.

Les chercheurs ont démontré que, par-delà ces croyances angoissantes, les grands anxieux sociaux ont également tendance à accorder davantage d'attention aux informations qui corroborent leurs convictions qu'à celles qui les infirment ou sont en contradiction avec elles. Par exemple, lors d'une présentation devant un public, ils remarqueront plus facilement les personnes dubitatives ou qui ont l'air de s'ennuyer, plutôt que celles qui semblent attentives et intéressées par leur discours.

On observe aussi que, dans certaines circonstances, l'individu conserve un souvenir particulièrement vivace d'une information si celle-ci est cohérente avec ses propres croyances. C'est ainsi que les anxieux sociaux se souviennent beaucoup plus aisément des visages qui expriment des sentiments négatifs que des personnes plus à l'aise dans leurs rapports avec autrui[1]. Ils sont également plus enclins à raconter les moqueries dont ils ont pu être la cible dans leur enfance que les individus souffrant

---

1. LUNDH L.-G., OST L.-G., "Recognition Bias for Critical Faces in Social Phobics", *Behaviour Research and Therapy*, n° 34(10).

d'autres types de problèmes d'anxiété[1]. Cela signifie peut-être que les individus sujets à l'anxiété sociale sont davantage l'objet de moqueries pendant leur enfance. Mais cela peut également vouloir dire que le souvenir des brimades qu'ils pensent avoir subies est plus fort et plus vivace dans leur esprit.

La dimension comportementale

L'évitement est le trait comportemental le plus courant chez les personnes timides ou sujettes à l'anxiété sociale. Elles évitent totalement certaines situations sociales, ou les fuient après un laps de temps d'exposition très court.

Toutefois, des stratégies plus subtiles peuvent également être déployées pour éviter une situation redoutée ou se protéger contre ce qui est perçu comme une menace sociale. Elles peuvent consister par exemple à :

- se maquiller pour camoufler son rougissement ;
- éviter les contacts visuels ;
- poser des questions aux autres pour ne pas avoir à parler de soi ;
- éteindre la lumière pour dissimuler aux autres ses symptômes d'anxiété ;
- boire quelques verres de vin pour essayer de calmer son angoisse…

L'interaction des trois composantes

Les composantes physique, cognitive et comportementale de l'anxiété agissent ensemble. Une phase d'anxiété peut débuter par une sensation physique (par exemple des mains qui tremblent) qui, à son tour, déclenche

---

1. McCABE *et al.,* "A Preliminary Examination of the Relationship between Anxiety Disorders in Adults and Self-reported History of Teasing and Bullying Experiences", *Cognitive Behaviour Therapy*, n° 4.

une ou plusieurs pensées anxiogènes (« Si les gens remarquent que j'ai les mains qui tremblent, ils vont penser que je suis bizarre »), et divers comportements de protection (comme quitter une soirée dix minutes après être arrivé).

Le processus peut tout aussi bien être déclenché par une pensée. Vous vous dites par exemple qu'il n'y a aucune chance que votre public apprécie votre présentation. Vous vous mettez alors à transpirer, et votre cœur bat plus vite. Ces symptômes provoquent à leur tour des pensées angoissantes plus intenses, qui vous amènent finalement à décider d'éviter la situation.

Le cycle peut également débuter par l'évitement d'une situation redoutée, ou par un comportement de protection. Bien que ces comportements contribuent effectivement à réduire les sensations d'anxiété à court terme, ils ne font souvent que renforcer l'anxiété à plus longue échéance. En effet, en refusant d'affronter la situation, vous vous privez de toute occasion de découvrir qu'elle est en fait beaucoup plus facile à gérer que vous ne le pensez. Plus vous évitez une situation désagréable, plus il vous sera difficile de l'affronter. Posez-vous cette question toute simple : « Quel jour de la semaine ai-je le plus de mal à aller travailler ? » Pour la plupart des gens, la réponse est : « le lundi ».

Et vous ?

Comme nous l'avons évoqué dans l'introduction, il est indispensable que vous teniez un journal, si vous voulez progresser de manière satisfaisante dans les stratégies que nous vous proposons et mener à bien les différents exercices.

Au cours de la semaine qui vient, utilisez le formulaire d'auto-observation p. 14 pour consigner votre anxiété sous ses trois composantes. Essayez de compléter ce tableau chaque fois que vous êtes confronté à une situation sociale que vous redoutez (si possible, au moins trois fois au cours des sept prochains jours), en répondant aux questions suivantes :

• Quelle situation a déclenché votre anxiété ? Inscrivez l'heure et le lieu par exemple.

• Quelle était l'intensité de cette anxiété ? Notez l'intensité de votre peur en utilisant une échelle de 0 à 100.

• Quelles sensations physiques avez-vous éprouvées ?

• Quelles étaient vos pensées, anticipations ou croyances anxio-gènes ?

• Quels comportements avez-vous adoptés ? En d'autres termes, qu'avez-vous fait pour vous protéger de l'anxiété ? (Avez-vous évité ou fui une situation ? Avez-vous adopté d'autres comporte-ments pour atténuer votre peur ?)

Lorsque vous tenez votre journal de bord, exprimez-vous toujours à la première personne, de sorte que vos questions et vos réponses ne concernent que vous. Procédez systématiquement de cette façon pour tous les exercices. Formulez vos questions de la façon suivante : Quelle situation a provoqué mon anxiété ?, Qu'ai-je res-senti physiquement ?, Quelles pensées, anticipations ou croyances angoissantes ai-je eues ?, Quels comportements ai-je adoptés ? Reportez-vous à l'exemple proposé plus loin.

Relevé des trois composantes de l'anxiété sociale

Situation Lieu Date/Heure	Anxiété ressentie (0 à 100)	Sensations	Pensées négatives	Comportements de protection

Adapté de ANTONY M. M. et SWINSON R. P., *Phobic Disorders and Panic in Adults :
A Guide to Assessment and Treatment*, American Pyschological Association, 2000.
Reproduit avec leur aimable autorisation.

Exemple de relevé des trois composantes de l'anxiété sociale

Lieu Situation Date/Heure	Anxiété ressentie (0 à 100)	Sensations	Pensées négatives	Comportements de protection
3 mars Au cours d'une soirée	55	Rougissements, transpiration	Je ne vais pas savoir de quoi parler. Les gens vont penser que je suis bizarre. Les gens vont remarquer que je suis angoissé. Les gens vont penser que je suis idiot.	Je suis resté dans mon coin et je n'ai parlé à personne. J'ai trouvé un prétexte pour quitter rapidement la soirée.
7 mars Une conversation avec mon chef	90	Cœur qui bat plus vite, rougissements, transpiration	Mon chef va penser que je suis incompétent. Mon angoisse va se voir.	J'ai évité le contact visuel et je n'ai pas arrêté de m'excuser.
9 mars J'ai pris la parole en cours	70	Cœur qui bat plus vite, transpiration	Je me sens ridicule. Les gens vont se moquer de moi.	J'ai parlé à voix très basse et je n'ai dit que le strict minimum.

Adapté de ANTONY M. M. et SWINSON R. P., *Phobic Disorders and Panic in Adults : A Guide to Assessment and Treatment*, American Pyschological Association, 2000. Reproduit avec leur aimable autorisation.

L'anxiété sociale, un sentiment universellement partagé ?

Nous redoutons presque tous certaines situations sociales. Le comique américain Jerry Seinfeld fait ainsi remarquer dans un de ses sketches : « Selon la plupart des études, la peur numéro un des gens est de prendre la parole en public. La peur de la mort ne vient qu'en deuxième position. Vous vous rendez compte ? Pour le commun des mortels, cela signifie que si vous devez aller à un enterrement, mieux vaut être dans le cercueil que d'avoir à faire l'éloge funèbre ! » La conclusion de Seinfeld est certes discutable, mais il n'en demeure pas moins que la timidité et l'anxiété sociale sont presque universelles.

Dans une série d'enquêtes menées par le psychologue Phillip Zimbardo et ses collègues[1], 40 % des individus interrogés se décrivent ainsi comme maladivement timides, au point que cela constitue un problème pour eux. Sur les 60 % restants, la plupart des individus déclarent être timides dans certaines situations ou avoir été timides. De fait, seuls 5 % des individus déclarent ne jamais ressentir de trac ou d'appréhension en situation sociale.

Dans le cadre des travaux conduits dans notre centre de traitement et de recherche sur l'anxiété, nous avons établi que les symptômes physiques de l'anxiété sociale sont courants chez la plupart des individus. Dans notre étude, la majorité des personnes interrogées ont ainsi déclaré connaître de temps en temps des manifestations physiques d'anxiété dans certaines situations sociales. Les manifestations les plus courantes

---

1. CARDUCCI B. J., ZIMBARDO P. G., "Are You Shy ?", *Psychology Today* ; HENDERSON L., ZIMBARDO P. G., "Shyness", In *Encyclopedia of Mental Health*, sous la dir. de FRIEDMAN H. S. ; ZIMBARDO P. G., PILKONIS P. A., NORWOOD R. M., "The Social Disease of Shyness", *Psychology Today*, n° 8.

sont : le creux à l'estomac, la sensation de tension, les rougissements, les difficultés à s'exprimer clairement, l'accélération du rythme cardiaque, les bégaiements, le chat dans la gorge, les sueurs, les tremblements et la tendance à sourire, rire ou parler sans pouvoir se contrôler.[1]

Timidité et anxiété sociale sont-elles toujours un problème ?

La plupart du temps, la seule conséquence de l'anxiété sociale est la gêne temporaire que connaît l'individu exposé à la situation. Dans de nombreux cas, l'anxiété passe inaperçue aux yeux des autres personnes présentes, et les symptômes n'interfèrent pas sur le comportement de l'individu. S'il advient que les personnes présentes remarquent l'anxiété de leur interlocuteur, leur réaction est rarement dure ou cruelle. À petites doses, la timidité et l'anxiété sociale peuvent même être perçues comme des attributs positifs. La timidité est souvent considérée comme le signe d'une certaine modestie, ou comme la marque d'une simplicité rafraîchissante et séduisante.

Ne pas connaître l'anxiété sociale peut même être un problème pour certains individus. Nous avons tous dans notre entourage des personnes qui gagneraient à être plus sensibles à ce que les autres pensent d'elles. La timidité et l'anxiété sociale sont utiles à la plupart d'entre nous. Si vous ne vous préoccupiez absolument pas du jugement des autres, vous feriez probablement des choses qui vous mettraient dans des positions difficiles. Vous diriez toujours exactement ce que vous pensez, sans vous soucier des répercussions que vos propos pourraient avoir sur autrui.

---

1. PURDON C. *et al.*, "Social Anxiety in College Students", *Journal of Anxiety Disorders*, n° 15(3).

Vous arriveriez en retard au bureau, vous ne prendriez pas la peine de préparer vos présentations, et vous révéleriez des informations qu'il ne serait pas opportun de divulguer. Cela ne manquerait pas de rendre difficiles vos relations avec autrui. Une dose raisonnable d'anxiété sociale vous évite des actes aux conséquences sociales fâcheuses.

L'anxiété sociale peut être qualifiée de « problème » lorsqu'elle survient avec une fréquence et une intensité telles que la personne en souffre, que cela l'empêche de vivre normalement et de se réaliser pleinement. Par exemple, un représentant commercial qui devient anxieux et se replie sur lui-même chaque fois qu'il doit avoir une conversation avec un client potentiel estimera probablement que son anxiété s'oppose à ce qu'il gagne sa vie. De la même manière, une femme qui souhaite mettre un terme à sa vie de célibataire, mais refuse tout rendez-vous avec un homme par peur de produire une mauvaise impression, se sentira découragée et impuissante à prendre sa vie en main à cause de son anxiété sociale.

Dans ce type de cas, la peur des interactions sociales constitue clairement un handicap, un problème qu'il faut s'atteler à résoudre. On parle alors de « phobie sociale » : une forme extrême d'anxiété sociale, qui est source d'un profond mal-être ou entrave la vie normale de l'individu. La phobie sociale peut avoir des conséquences graves sur différents domaines de la vie d'un individu : relations intimes, éducation, carrière, vie sociale, loisirs...

Toutes les études ne s'accordent pas sur la proportion d'individus souffrant de phobie sociale, mais l'estimation la plus fiable dont nous disposions, basée sur une étude conduite par des chercheurs canadiens, l'évalue à 7 % de la population totale.[1] En d'autres termes, près d'un individu sur

---

1. STEIN M. B., WALKER J. R., FORDE D. R., "Setting Diagnostic Tresholds for Social Phobia: Considerations from a Community Survey of Social Anxiety", *American Journal of Psychiatry*, n° 151.

quinze souffre de phobie sociale, et de nombreux autres sont sujets à des manifestations plus légères d'anxiété sociale, qui peuvent constituer un problème de manière ponctuelle. On observe l'anxiété sociale aussi bien chez les hommes que chez les femmes, et dans toutes les cultures.

Et vous ?

Inscrivez ci-dessous les désagréments que vous cause votre timidité dans votre vie quotidienne :

....

....

....

....

....

En quoi les choses seraient-elles différentes si votre timidité ou votre peur de prendre la parole en public n'étaient pas un problème pour vous :

- Auriez-vous davantage d'amis ? Des amis différents ?

....

....

- Auriez-vous un autre emploi ?

....

....

- Auriez-vous d'autres passe-temps ?

....

....

- À quoi consacreriez-vous votre temps ?

....

....

- Vos relations avec autrui seraient-elles différentes ?

....

....

Les causes de l'anxiété sociale

Personne ne sait exactement ce qui provoque l'anxiété sociale. En revanche, nous connaissons certains des facteurs qui favorisent vraisemblablement son apparition. Les causes sous-jacentes de la timidité et de l'anxiété de performance sont complexes, et il est probable qu'elles diffèrent selon les individus.

À l'instar d'autres formes d'anxiété, l'anxiété sociale s'est probablement développée au cours de l'évolution comme un moyen de se protéger contre des menaces ou des dangers potentiels. L'anxiété sociale, nous l'avons vu, nous aide à garder nos impulsions sous contrôle, ce qui nous évite de dire ou de faire des choses que nous pourrions regretter par la suite. Il n'en demeure pas moins que chez certains individus, l'anxiété est excessive, irréaliste, et se mue en handicap.

Depuis de longues années maintenant, de nombreux travaux ont été conduits en vue de comprendre les facteurs qui font que certains d'entre nous développent des formes aiguës d'anxiété sociale. Parmi les facteurs identifiés par les chercheurs, on mentionnera en particulier l'hérédité, le cerveau, l'apprentissage, les croyances et les comportements.

L'hérédité

L'anxiété sociale tend à toucher certaines familles plus que d'autres, et à se transmettre d'une génération à l'autre. Une personne dont l'un des parents, ou un membre de la famille, souffre de phobie sociale a statistiquement près de dix fois plus de chances de développer une phobie sociale qu'une personne sans antécédents familiaux.[1] En outre, un certain nombre de travaux indiquent que les facteurs génétiques (et non seulement les facteurs d'environnement, comme l'éducation) expliqueraient en partie la transmission de l'anxiété sociale d'une génération à l'autre. Les traits de personnalité associés à l'anxiété sociale (l'introversion par exemple) sont très largement héréditaires.

Le cerveau

Des études récentes ont montré que lorsqu'un individu connaît un épisode anxieux, lié à une interaction sociale ou à une situation qui exige qu'il fasse la démonstration de ses talents ou de ses capacités, certaines zones du cerveau sont plus actives que d'autres.[2] De plus, la prise en charge de la phobie sociale (soit par un traitement médicamenteux, soit par une thérapeutique psychologique) semble conduire à des modifications de ces schémas d'activité cérébrale.[3] Bien que les conclusions des travaux de recherche ne concordent pas toutes, il semblerait que les neurotransmetteurs (les porteurs chimiques qui transmettent les informations d'une cellule cérébrale à une autre), comme la sérotonine et la dopamine, jouent également un rôle dans l'anxiété sociale.

---

1. STEIN M. B. *et al.*, "A Direct-Interview Family Study of Generalized Social Phobia", *American Journal of Psychiatry*, n° 155.
2. TILLFORS M. *et al.*, "Cerebral Blood Flow in Subjects with Social Phobia During Stressful Speaking Tasks: A PET Study", *American Journal of Psychiatry*, n° 158 ; TILLFORS M. *et al.*, "Cerebral Blood Flow During Anticipation of Public Speaking in Social Phobia : A PET Study", *Biological Psychiatry*, n° 52.
3. FURMARK T. *et al.*, "Common Changes in Cerebral Blood Flow in Patients with Social Phobia Treated with Citalopram or Cognitive-Behavioral Therapy", *Archives of General Psychiatry*, n° 59(5).

L'apprentissage

Il est établi que l'apprentissage et l'expérience peuvent jouer un rôle important dans le développement de la peur. Dans certains cas, des expériences négatives ou traumatisantes (comme être l'objet de moqueries ou de critiques pendant son enfance) favorisent des niveaux d'anxiété sociale plus élevés. Grandir dans l'entourage de personnes timides ou souffrant d'anxiété sociale a vraisemblablement aussi une influence, car nous apprenons souvent comment nous comporter en observant les autres, à commencer par nos parents. Enfin, s'entendre répéter à chaque instant qu'il est important de toujours produire une bonne impression sur autrui peut conduire certains individus à développer une crainte excessive de commettre des erreurs et d'être mal jugés.

Les croyances

Comme nous l'avons vu plus haut, les croyances d'un individu tiennent également un rôle dans l'anxiété sociale. Si une personne perçoit, à tort, une situation comme dangereuse ou menaçante, elle se sentira mal à l'aise ou vulnérable lorsqu'elle y sera confrontée. Les anxieux sociaux croient souvent :

- qu'il est extrêmement important de produire une impression positive sur les autres ;
- qu'il est fort probable qu'ils produisent une impression négative sur autrui ;
- que cette impression négative engendrera un désastre.

Les comportements

Les comportements d'anxiété, au premier rang desquels l'évitement, contribuent à entretenir la timidité et le sentiment d'anxiété sur le long terme. Plus vous essayez de vous protéger contre votre angoisse ou de faire bonne impression sur autrui, plus il y a de chances que vous continuiez à être sujet à l'anxiété sociale. Triompher de votre timidité exigera que vous affrontiez les situations qui vous mettent mal à l'aise au lieu de les éviter.

Et vous ?

Êtes-vous conscient de certains facteurs qui auraient pu favoriser vos problèmes d'anxiété sociale ? Si oui, notez-les ci-dessous :

....

....

....

....

....

....

....

....

....

....

....

....

Pour vous aider à vous lancer, posez-vous les questions suivantes :

- Êtes-vous anxieux depuis toujours dans les situations sociales ou les contextes qui exigent que vous vous mettiez en avant ?
- Avez-vous vécu des expériences négatives liées à certaines situations sociales ?
- Vos parents ou des membres de votre famille sont-ils très timides ?
- Est-il possible que vous ayez appris d'eux certains de ces comportements ?

Traitements et prise en charge de l'anxiété sociale

Il existe de multiples approches pour apprendre à surmonter son anxiété. Dans ce livre, nous n'avons volontairement retenu que les stratégies dont l'efficacité a pu être validée par des études scientifiques. Ces traitements se répartissent en deux grandes familles : les thérapies cognitives et comportementales (TCC) et les traitements médicamenteux. Les chapitres 3, 4 et 5 passent en revue les techniques cognitives et comportementales utilisées dans le traitement de l'anxiété sociale, et plus particulièrement les stratégies cognitives pour apprendre à modifier vos croyances et vos pensées négatives, et les techniques d'exposition pour affronter directement les situations sociales sources d'anxiété, sans oublier l'entraînement aux compétences sociales pour communiquer plus efficacement. Vous trouverez dans le chapitre 10 une présentation des prises en charge médicamenteuses les plus courantes.

Se préparer au changement

Maintenant que vous en savez un peu plus sur le phénomène de l'anxiété sociale et de la timidité et sur les prises en charge qui existent, nous allons essayer de vous aider à répondre à la question suivante : êtes-vous prêt à vous engager dans une démarche de changement ? Et si oui, selon quels axes devez-vous travailler pour vaincre votre anxiété sociale ?

Le moment est-il bien choisi ?

Comme nous l'avons vu dans le chapitre 1, l'anxiété sociale et la timidité ne sont pas nécessairement un problème. Nous passons tous par des moments d'anxiété sociale particulièrement intense, que nous surmontons sans réelle difficulté. Même lorsque les troubles anxieux constituent un réel handicap ou sont sources de profonde souffrance, leur prise en charge doit être soigneusement réfléchie et planifiée, en fonction de la situation particulière de chacun. Il est tout à fait possible que vous ayez d'autres priorités ou d'autres exigences dans votre vie, qui vous empêchent à un moment donné de consacrer vos efforts à surmonter votre anxiété sociale.

Il n'y a pas de moment idéal pour s'engager sur la voie du changement. Toutefois, certaines conditions sont plus favorables que d'autres.

Et vous ?

Vous trouverez ci-dessous un petit questionnaire qui vous aidera, en fonction du nombre de réponses positives, à savoir si vous êtes prêt à tenter l'aventure.

	Oui	Non
Ai-je envie d'être moins timide, de surmonter mon anxiété sociale ? Aurais-je une vie plus agréable si j'étais plus à l'aise dans mes interactions avec les autres ? Cela a-t-il de l'importance pour moi ?		
Suis-je prêt à me sentir moins bien à court terme pour progresser à long terme ? (N'oubliez pas, en effet, que surmonter sa timidité exige en général d'affronter les situations redoutées.)		
Suis-je en mesure de consacrer une part importante de mon temps (cinq à dix heures par semaine) à travailler sur mon anxiété sociale au cours des mois à venir ?		
Si je suis confronté à d'autres difficultés (problèmes familiaux, stress au bureau par exemple), serai-je capable de les mettre de côté pour me concentrer sur mes problèmes d'anxiété sociale ?		

Une autre question à examiner dès à présent est : votre anxiété sociale résulte-t-elle d'un autre problème ? Par exemple, si vous êtes sujet à des troubles de l'appétit, et que vous avez peur que les autres portent des jugements négatifs sur votre poids ou vos habitudes alimentaires, vous aurez peut-être du mal à travailler sur votre anxiété sociale sans travailler également sur vos comportements alimentaires et l'image de votre corps.

Si votre anxiété sociale est liée à la peur du regard d'autrui sur les manifestations d'un autre problème – boulimie, dépression, consommation de drogues ou même maladie – les stratégies proposées dans ce livre pourront vous être utiles. Néanmoins, nous ne saurions trop vous conseiller d'envisager la prise en charge de cet autre problème, en partie responsable de votre timidité et de votre anxiété sociale.

Bénéfices et coûts du changement

La décision de travailler sur votre anxiété sociale n'est pas neutre : elle est assortie de coûts et de bénéfices. Commençons par les aspects positifs, vous y gagnerez :

- une confiance accrue en vous-même ;
- le plaisir de vous sentir plus à l'aise en situation sociale et de profiter davantage de la vie ;
- des relations interpersonnelles plus riches ;
- de nouvelles opportunités (de nouveaux amis, des perspectives professionnelles élargies) ;
- la maîtrise d'un certain nombre de stratégies d'apprentissage susceptibles d'être appliquées à d'autres problèmes émotionnels, comme l'irritabilité ou la dépression.

Au rayon des coûts, vous devrez :

- trouver le temps nécessaire pour lire ce livre et faire vos exercices ;

- prendre des mesures qui augmenteront votre anxiété à court terme ;
- supporter des effets secondaires non négligeables (si vous choisissez un traitement médicamenteux, voir le chapitre 10) ;
- ou encore assumer certaines dépenses financières (sorties, coût des médicaments ou de la prise en charge par un thérapeute par exemple).

Et vous ?

Répertoriez maintenant les bénéfices précis que vous retirerez d'une démarche de changement :

....

....

....

....

....

Notez aussi les coûts qui y seront associés :

....

....

....

....

....

Vous identifierez peut-être un certain nombre d'éléments que nous avons déjà cités, mais il se peut aussi qu'émergent des difficultés ou des avantages propres à votre situation.

Les bénéfices que vous retirerez d'une atténuation de votre timidité ou de votre anxiété sociale l'emportent-ils sur les coûts potentiels d'une telle démarche ? Si oui, osez franchir le pas et attelez-vous dès à présent à vaincre votre anxiété sociale !

Définir ses axes de travail

Il s'agit à présent d'identifier précisément les situations sociales et les situations de performance qui déclenchent votre anxiété – ce que vous souhaitez changer. Les questions qui suivent vous y aideront.

Quelles situations provoquent votre anxiété ?

Par exemple :

- rencontrer de nouvelles personnes ;
- bavarder avec des gens que vous ne connaissez pas ;
- engager la conversation ;
- entretenir une conversation ;
- avoir un rendez-vous amoureux ;
- participer à des réunions familiales ;
- téléphoner ;
- parler de vous ;
- déjeuner avec des collègues ;
- être le centre d'attention ;
- vous tromper devant autrui ;
- écrire en présence d'autres personnes ;
- boire ou manger en présence d'autres personnes ;
- utiliser des toilettes publiques ;
- prendre la parole en public ;
- participer à des réunions ;
- travailler en présence d'autres personnes ;
- être observé par autrui…

Quelles sont les situations les plus difficiles pour vous ?

Dans quelles situations votre anxiété interfère-t-elle le plus avec la façon dont vous avez envie de vivre votre vie ?

Pour laquelle de ces situations votre anxiété sera-t-elle la plus facile à changer ?

Quels sont les obstacles pour surmonter votre anxiété liée à ces différentes situations ?

Et vous ?

Établissez maintenant la liste des situations sociales et des situations de performance que vous trouvez difficiles et déstabilisantes. Puis, à côté de chaque élément, inscrivez une note indiquant à quel point il serait important pour vous de vous sentir plus à l'aise dans la situation en question. Utilisez une échelle de 0 à 100 (0 = pas important du tout, 100 = extrêmement important).

Situation difficile	Note (0 à 100)

L'idée, valable pour tous les exercices que nous vous proposons, est de commencer par travailler sur les situations qui sont les plus importantes pour vous. En règle générale, nous vous recommandons de travailler en priorité sur des situations qui ne présentent pas de trop grandes difficultés. Vous aurez ainsi plus de chances de connaître des succès dès le début du processus, ce qui vous donnera le courage de vous confronter ensuite à des situations plus difficiles.

Se fixer des objectifs

Il est indispensable de vous fixer des objectifs, ils vous aideront à garder le bon cap tout au long de votre travail, et à mesurer les progrès accomplis. Selon un principe à retenir, définissez des objectifs aussi précis que possible. Plus vos objectifs seront détaillés, plus il vous sera facile d'identifier ce que vous devez faire pour les atteindre – et de mesurer le chemin parcouru. Voici deux exemples d'objectifs généraux trop vagues pour être d'un quelconque secours, chacun étant suivi de son équivalent plus détaillé, exprimé sous une forme probablement plus utile :

- *objectif vague* : être plus à l'aise en groupe ; *objectif précis* : être à l'aise lors de soirées avec des collègues, établir le contact visuel avec eux et parler suffisamment fort pour qu'ils m'entendent ;

- *objectif vague* : être moins angoissé lorsque je m'exprime en public ; *objectif précis* : mieux maîtriser mon anxiété lorsque je présente un rapport lors d'une réunion avec quatre ou cinq collègues sur un sujet que je connais bien.

Il est également utile de définir des objectifs à court terme, à long terme, et pour chaque étape intermédiaire. Les objectifs à court terme sont des buts pour le futur proche (aujourd'hui, demain, ou la semaine prochaine par exemple). Les objectifs à moyen terme refléteront les progrès que vous souhaitez accomplir au cours des prochains mois. Enfin, les objectifs à long terme sont à échéance de quelques années. Nous vous proposons ci-dessous des exemples d'objectifs à court, moyen et long terme, pour un individu qui souffre de « timidité amoureuse » :

- *objectif à court terme* : demander lundi à Jennifer de m'accompagner au mariage de mon frère le mois prochain ;

- *objectif à moyen terme* : augmenter la fréquence de mes rendez-vous à environ un par mois au cours des mois à venir ;

- *objectif à long terme* : être engagé dans une relation durable dans deux ans.

Vous avez toute liberté pour vous fixer des objectifs à l'échéance qui vous convient. Dans certains cas, vous pouvez même vous fixer des objectifs pour les heures à venir, ou au contraire à très long terme, par exemple un objectif professionnel à vingt ans.

Et vous ?

Notez ici une liste d'objectifs pour surmonter vos problèmes de timidité et d'anxiété sociale. Essayez d'identifier de dix à vingt objectifs, à court terme, moyen terme et long terme. Veillez à être le plus précis possible sur ce que vous souhaitez accomplir et sur l'échéance que vous vous fixez.

	Échéance
Objectifs à court terme	
	...⁄...

Objectifs à moyen terme	Échéance
Objectifs à long terme	

Rester réaliste

Il vous a probablement fallu des années pour devenir celui ou celle que vous êtes. Il serait donc illusoire de croire que tout va changer du jour au lendemain à la lecture de ce livre. Bien que les stratégies qui y sont décrites permettent à certains individus d'accomplir rapidement des progrès importants, dans la majorité des cas, les changements sont progressifs. En outre, apprendre à surmonter votre anxiété sociale ne signifie pas nécessairement que celle-ci disparaîtra totalement. Certaines situations susciteront vraisemblablement toujours en vous une certaine appréhension.

Si vous utilisez les techniques décrites dans ces chapitres, il y a toutes les chances que vous réduisiez de manière significative votre timidité et votre anxiété. Toutefois, ne soyez pas surpris si elles subsistent dans certains contextes, ou à certains moments. Le fait est que vous risquez de conserver une certaine timidité par rapport à la majorité des individus. L'objectif de ce livre n'est pas de supprimer toute anxiété, mais de la ramener à un niveau qui interfère beaucoup moins avec votre vie quotidienne, pour vous aider à vivre avec moins de souffrance sous le regard des autres.

Changer sa façon de penser

Imaginez un instant : vous êtes convaincu qu'il y a très peu de chances que vous produisiez jamais une impression négative sur autrui, et que, si d'aventure cela arrivait, les conséquences auraient peu d'importance. En d'autres termes, imaginez que la plupart du temps, ce que les autres pensent de vous vous indiffère. Quel effet cela aurait-il sur votre timidité et votre anxiété sociale ?

Les chercheurs qui étudient la timidité ont établi que les croyances, les interprétations, les suppositions, les anticipations et les processus de mémorisation des individus jouent un rôle important dans leur disposition plus ou moins grande à connaître des moments d'anxiété excessive lors de leurs interactions sociales avec autrui et dans les situations de performance. Ils ont en particulier découvert que, par rapport à leurs semblables moins anxieux, les grands timides et les grands anxieux sociaux présentent les traits suivants :

- Ils sont plus critiques sur leurs propres performances, pendant une conversation ou lorsqu'ils s'expriment en public par exemple.[1]

- Ils évaluent leurs performances de manière plus négative que des observateurs indépendants. En d'autres termes, si vous êtes très timide, il est probable que les autres n'évaluent pas vos comportements avec autant de sévérité que vous. À l'inverse, dans le cas d'individus peu sujets à l'anxiété sociale, les évaluations des individus eux-mêmes et celles d'observateurs indépendants sont plus proches.[2]

- Ils considèrent que des interactions sociales négatives ont une probabilité plus importante de survenir, et qu'elles sont plus susceptibles d'avoir des conséquences très négatives. Cette croyance tend à régresser à la suite d'une prise en charge de l'anxiété sociale.[3]

- Lorsqu'ils lisent une liste de mots, ils passent davantage de temps à regarder les mots qu'ils trouvent menaçants, comme « présentation », que des mots plus neutres, comme « maison ».[4] Ces comportements ont été interprétés par les chercheurs comme une preuve que l'anxiété sociale est associée à une tendance à accorder une attention excessive aux informations révélant un « danger » potentiel en situation sociale.

---

1. RAPEE R. M., LIM L., "Discrepancy between Self-and Observer Ratings of Performance in Social Phobics", *Journal of Abnormal Psychology*, n° 101(4) ; STOPA L., CLARK D. M., "Cognitive Processes in Social Phobia", *Behaviour Research and Therapy*, n° 31.
2. NORTON P. J., HOPE D. A., "Kernels of Truth or Distorted Perceptions: Self and Observer Ratings of Social Anxiety and Performance", *Behavior Therapy*, n° 32.
3. FOA E. B. *et al.*, "Cognitive Biases in Generalized Social Phobia", *Journal of Abnormal Psychology*, n° 105(3).
4. HOLLE C., NEELY J. H., HEIMBERG R. G., "The Effects of Blocked versus Random Presentation and Semantic Relatedness of Stimulus Words on Response to a Modified Stroop Task among Social Phobics", *Cognitive Therapy and Research*, n° 21.

- Ils interprètent les expressions faciales ambiguës (comme celles d'un visage « éteint ») comme négatives.[1] Les individus timides ont également une meilleure mémoire des visages, et en particulier des visages arborant des expressions négatives.[2]

- Ils se comparent à d'autres personnes qu'ils considèrent comme « meilleures » qu'eux, ce qui tend à accroître leur anxiété. *A contrario*, les individus peu sujets à l'anxiété sociale sont plus enclins à se comparer à des personnes qu'ils perçoivent comme « égales » ou « pires » qu'eux-mêmes, et ils ne se sentent pas si mal à l'issue de ce type de comparaisons.[3]

- Ils surestiment la perception de leurs symptômes d'anxiété sociale par les autres[4] (les rougissements par exemple), et tendent également à surestimer l'influence négative de ces symptômes sur l'opinion que les autres se font d'eux.[5]

Ces études démontrent clairement que la timidité est associée à un style de pensées négatif, et que ce schéma contribue vraisemblablement à entretenir l'anxiété sociale de l'individu au fil du temps.

1. WINTON E. C., CLARK D. M., EDELMANN R. J., "Social Anxiety, Fear of Negative Evaluation and the Detection of Negative Emotion in Others", *Behavioural Research and Therapy*, n° 33(2).
2. LUNDH L.-G., OST L.-G., "Recognition Bias for Critical Faces in Social Phobics", *Behaviour Research and Therapy*, n° 34(10).
3. ANTONY M. M., ROWA K., LISS A., SWALLOW S., SWINSON R. P., "Social Comparison Processes in Social Phobia", *Behavior Therapy*, n° 36.
4. MULKENS S. *et al.*, "Fear of Blushing: Fearful Preoccupation Irrespective of Facial Coloration", *Behaviour Research and Therapy*, n° 37(11).
5. ROTH D., ANTONY M. M., SWINSON R. P., "Interpretations for Anxiety Symptoms in Social Phobia", *Behaviour Research and Therapy*, n° 39(2).

Les thérapies cognitives

Dans les années soixante, bien avant toute recherche systématique sur le rôle joué par les pensées négatives dans la formation et l'entretien de l'anxiété, plusieurs psychologues et psychiatres de renom ont observé chez leurs patients une relation étroite entre les pensées négatives et les émotions négatives, comme l'anxiété. Le plus connu de ces chercheurs est sans doute le psychiatre Aaron Beck, bien que les contributions des psychologues Albert Ellis et Donald Meichenbaum soient également importantes dans ce domaine. Chacun de ces pionniers a développé ses propres thérapies visant à modifier les pensées négatives et, en conséquence, à atténuer l'impact des humeurs négatives. Ces traitements ont en commun de nombreuses caractéristiques, même s'il existe aussi de subtiles différences entre eux.

La forme de traitement développée par A. Beck, les thérapies cognitives (le mot « cognition » renvoie à la pensée), a eu une influence particulièrement importante dans le domaine des troubles de l'anxiété et le contenu de ce chapitre s'en inspire largement.[1] Par ailleurs, plusieurs des stratégies décrites ici sont à mettre à l'actif d'une deuxième génération de pionniers des thérapies cognitives, qui ont appliqué les travaux de A. Beck au traitement des phobies sociales, de la timidité et des problèmes qui leur sont associés. Citons enfin les travaux de Richard Heimberg[2], Ron Rapee[3] et du psychiatre David Burns[4].

---

1. BECK A. T., EMERY G., GREENBERG R. L. Ph D, *Anxiety Disorders and Phobias: A Cognitive Perspective*.
2. HEIMBERG R. G., BECKER R. E., *Cognitive-Behavioral Group Therapy for Social Phobia: Basic Mechanisms and Clinical Strategies*.
3. RAPEE R. M., SANDERSON W. C., *Social Phobia: Clinical Application of Evidence-Based Psychotherapy*.
4. BURNS D. D., *The Feeling Good Handbook*.

Le présupposé de base des thérapies cognitives est que l'anxiété, les autres humeurs négatives et la dépression sont directement influencées par la façon dont les individus interprètent les événements et les situations. Pour dire les choses simplement : si vous pensez qu'une situation est sans danger, vous vous sentez à l'aise et content. À l'inverse, si vous considérez qu'une situation est menaçante ou dangereuse, vous serez plus enclin à éprouver de l'anxiété, de la peur ou de la gêne.

L'évaluation que nous faisons du degré de menace que présente une situation n'est pas toujours réaliste, loin s'en faut. Parfois les individus sous-estiment le danger (par exemple lorsqu'ils conduisent sous l'emprise de la drogue) ; quelquefois ils le surestiment (en évitant de prendre l'avion, alors que le taux d'accident des avions de ligne est de un sur dix millions).

Les thérapies cognitives partent du principe que ce ne sont pas les situations en elles-mêmes qui déclenchent l'anxiété, mais notre interprétation de ces situations. Les thérapies cognitives répondent à des objectifs précis :

- aider l'individu à prendre conscience des croyances, anticipations et suppositions qui influencent ses émotions négatives ;
- inciter l'individu à considérer ses croyances comme des conjectures ou des hypothèses, et non comme des faits établis ;
- remplacer ces croyances par un mode de pensée plus réaliste, en apprenant à l'individu à mettre les choses en perspective et en soumettant ses croyances aux démentis que peut apporter la réalité.

Identifier ses pensées négatives

Avant de pouvoir vous atteler à faire évoluer vos pensées négatives, il est indispensable que vous soyez capable de les identifier, idéalement lorsqu'elles surviennent. Pour certains individus, ce sera simple ; pour d'autres, beaucoup moins. Les pensées négatives sont parfois tellement habituelles et automatiques, qu'elles surviennent hors du champ de la conscience de l'individu. Si tel est votre cas, il est probable que vous redoutez certaines situations sociales sans savoir précisément ce dont vous avez peur. Avec de la pratique, il vous sera vraisemblablement plus facile d'identifier vos pensées automatiques.

Les thérapeutes cognitivistes ont recours à différents critères pour classer les pensées négatives. L'un d'entre eux est le niveau de pensée, depuis les pensées qui surviennent rapidement, déclenchées par des situations données, jusqu'aux croyances enracinées plus profondément, qui influencent la façon dont l'individu voit le monde. Un autre critère est le type d'erreurs cognitives qui sont commises. L'une et l'autre de ces typologies peuvent être utiles et nous vous les présentons ci-dessous.

Les niveaux de pensées négatives

Les thérapeutes cognitivistes distinguent en général trois niveaux de pensée négative : les pensées automatiques, les croyances intermédiaires et les croyances centrales. Toutes peuvent favoriser l'apparition des sentiments de timidité et d'anxiété sociale.

Les pensées négatives automatiques

Ce sont les croyances qui sont déclenchées dans des situations données. Elles peuvent survenir très rapidement, de manière inconsciente, et génèrent habituellement une réaction émotionnelle ou comportementale. Dans le cas de l'anxiété sociale, la réponse émotionnelle pourra être la peur ou l'anxiété, et la réponse comportementale la fuite ou l'adoption d'un autre comportement visant à atténuer le malaise et à se protéger contre une menace. Les pensées automatiques s'apparentent à des *a priori* négatifs, elles ne reposent sur aucun élément tangible. Ces pensées peuvent être par exemple :

- Personne n'a envie de me parler dans cette soirée.

- Ma présentation se passe mal.

- Les gens vont remarquer que mes mains tremblent.

- Je suis en train de me ridiculiser.

- Je n'obtiendrai jamais l'emploi pour lequel je viens de passer un entretien.

- Les gens me trouvent très ennuyeux.

Les croyances intermédiaires

Elles interviennent à un niveau plus profond que les précédentes. Il n'est pas rare, pourvu que les circonstances nécessaires soient réunies, que ces croyances soient à l'origine de pensées automatiques. Les croyances intermédiaires sont comparables à des règles que les individus se fixeraient à propos de la façon dont les choses sont ou devraient être. Elles peuvent parfois être exprimées sous la forme d'affirmations de type « Si ...., alors .... » :

- Si les gens remarquent que je transpire, alors ils vont penser que quelque chose ne tourne pas rond chez moi.

- Si je commets une erreur, alors les gens penseront que je suis stupide.

- Il est important que tout le monde m'aime.

- Il est vital que je cache mon sentiment d'anxiété aux autres.

- Il est important de toujours faire du bon travail.

Les croyances centrales

Elles renvoient au niveau de pensée le plus profond. Ce sont les convictions fondamentales que les individus entretiennent sur eux et sur le monde. Les croyances centrales sont souvent très fortement enracinées, et marquent profondément la façon dont nous interprétons les événements. Ces croyances sont souvent les plus difficiles à faire évoluer ; c'est un peu comme si elles faisaient partie de notre personnalité. Il s'agit par exemple de réflexions comme :

- On ne peut faire confiance à personne.
- On ne peut pas aimer quelqu'un comme moi.

Cognitions et anxiété

Nous allons à présent examiner en détail les mécanismes qui conduisent les individus à commettre des erreurs cognitives en situation sociale ou en situation de performance. Ces erreurs cognitives consistent à interpréter, percevoir et évaluer ce qui les entoure, la réalité avec laquelle ils sont en contact, selon des schémas de pensée associés à leurs croyances. Comme nous allons le voir, une même pensée peut relever de plusieurs catégories de cognitions. Ainsi, la pensée « Mon chef va penser que je suis incompétent » pourra aussi bien être une *surestimation de probabilité* qu'une *conclusion sans preuve*.

Souvenez-vous également que commettre ce type d'erreurs cognitives ne signifie en aucun cas que vous êtes bête ! Tout le monde fait des erreurs de jugement, il n'y a aucune relation entre l'intelligence et l'anxiété. Qui plus est, les erreurs de raisonnement ne constituent pas un problème réel, ce sont les conséquences de ces erreurs qui sont sources de difficultés. La façon de voir le monde d'un grand anxieux social est ainsi faite qu'elle augmente son malaise en situation sociale, ce qui entraîne une détérioration de ses relations interpersonnelles ou d'autres aspects de sa vie.

Supposer que le pire va arriver

L'individu surestime la probabilité de survenue d'un événement négatif, ou l'anticipe, alors même que cet événement a peu de chances de se produire en réalité. C'est le cas par exemple si :

- vous croyez que vous n'arriverez jamais à trouver un emploi, même s'il y a de bonnes chances que vous en décrochiez un si vous envoyez un CV ou répondez à des offres ;

- vous êtes convaincu que vous allez complètement vous ridiculiser lors d'une présentation, malgré le fait que la plupart des personnes présentes pensent que votre présentation est intéressante ;

- vous êtes sûr que personne ne vous trouvera intéressant dans une soirée, alors que les personnes qui vous connaissent apprécient énormément votre compagnie ;

- vous supposez que les autres remarqueront à coup sûr vos mains qui tremblent, alors que la plupart des gens n'accordent pas la moindre attention à vos mains.

Et vous ?

Vous est-il arrivé récemment de penser que les choses allaient mal tourner alors que rien ne venait étayer cette supposition ? Si c'est le cas, inscrivez ici vos propres exemples :

....

....

....

....

....

Élaborer des scénarios catastrophe

L'individu exagère l'importance d'un événement donné ou de ses conséquences. Il anticipe en pensant qu'un résultat sera épouvantable et totalement ingérable – alors qu'en réalité, les conséquences redoutées, si elles survenaient, n'auraient rien de dramatiques. Voici quelques exemples de pensées « catastrophistes » :

* Quelle horreur, si je me mettais à rougir devant quelqu'un !
* Je crois que je ne supporterais pas que quelqu'un remarque que je transpire.
* Ce serait épouvantable si je bafouillais pendant ma présentation.
* Je ne supporte pas que quelqu'un soit en colère contre moi ou m'en veuille.

Et vous ?

Inscrivez ici des exemples d'anticipations catastrophistes, ou exagérées :

....

....

....

....

....

Voir la vie en noir et blanc

L'individu ignore les dégradés de gris : selon lui, les choses sont soit blanches, soit noires. Ce type de pensées relève d'une simplification excessive des situations, et d'une tendance à appréhender la réalité, y compris ses propres performances, de manière dichotomique. Lorsqu'un individu développe ce type de pensées, il ne perçoit pas la complexité et les nuances d'une situation, pas plus que les démentis que la réalité peut apporter à ses propres croyances. Le perfectionnisme y est souvent associé, un sujet sur lequel nous reviendrons dans le chapitre 9. Voici quelques exemples de pensées « tout ou rien » :

- Il suffit qu'une seule personne ne m'apprécie pas pour que j'aie le sentiment d'être un moins que rien.
- Il est indispensable que je produise toujours une impression parfaite sur toutes les personnes que je rencontre.
- Je devrais pouvoir contrôler tous mes symptômes d'anxiété en même temps.

Et vous ?

Consignez des exemples de pensées « tout ou rien » que vous avez expérimentées récemment :

....

....

....

....

....

Conclure sans preuve

L'individu fait des suppositions sur ce que les autres pensent de lui, sans se fonder sur des éléments tangibles. Cette erreur cognitive est très fréquente chez les individus timides et les anxieux sociaux. La définition même de l'anxiété sociale, il faut le souligner, renvoie à la crainte d'être jugé négativement par autrui. Supposer que les autres ont une opinion négative de soi est fondamentalement une conclusion sans preuve. En voici quelques exemples :

- Les femmes avec lesquelles j'ai rendez-vous me trouvent laid.

- Les gens me trouvent ennuyeux.
- Si mon chef remarque que j'ai les mains qui tremblent, il pensera que je suis trop nerveux pour faire mon travail.

Et vous ?

Avez-vous récemment fait des suppositions sur ce que les autres pensaient de vous ? Si c'est le cas, notez-les ici, sans oublier de mentionner le contexte :

....

....

....

....

....

Tout personnaliser

Par personnalisation, on désigne la tendance de l'individu à s'attribuer la responsabilité d'éléments de la situation qui ne dépendent pas de lui, et en particulier d'interactions sociales difficiles ou du résultat négatif de situations sociales. En voici quelques exemples :

- Interpréter la colère de votre conjoint contre vous comme une preuve que vous avez fait quelque chose de mal. En réalité, c'est peut-être votre conjoint qui est sujet à une erreur cognitive et qui réagit de manière excessive à la situation. Il est également possible que ce soit à la fois votre comportement et la réaction excessive de votre conjoint qui aient provoqué le conflit.

- Supposer qu'un public peu attentif est le signe que vous n'êtes pas un bon orateur, alors qu'en réalité de nombreux facteurs déterminent le niveau d'intérêt d'un public : le sujet, le moment de la journée, la durée de la présentation, le style de l'orateur, et la plus ou moins grande adéquation du contenu aux besoins du public.

- Considérer que si une conversation languit, c'est de votre faute, alors que les deux parties sont aussi responsables l'une que l'autre d'entretenir la flamme. Sans compter que toutes les conversations prennent fin à un moment ou un autre.

Et vous ?

Vous est-il arrivé récemment d'avoir un comportement de personnalisation ? Si oui, notez-le ici :

....

....

....

....

....

Avoir une attention et une mémoire sélectives

Il s'agit de la tendance à se concentrer uniquement sur les informations qui viennent corroborer nos croyances. Dans l'anxiété sociale, cela se traduit par le fait que l'individu accorde davantage d'attention aux signaux lui indiquant que ses interlocuteurs sont en train de porter un jugement négatif sur lui. C'est le cas par exemple si :

- vous vous sentez mal après votre entretien d'évaluation annuel, parce que vous vous focalisez sur le domaine où vous avez besoin de progresser et que vous ignorez tous les commentaires positifs ;
- vous remarquez dans le public la personne qui a l'air de s'ennuyer ou de s'énerver pendant que vous parlez et vous ignorez les participants qui semblent prendre du plaisir à votre présentation ;
- vous vous souvenez de manière très précise des moments où l'on s'est moqué de votre allure ou de votre façon de vous comporter, mais vous n'accordez pas beaucoup d'attention à l'image positive ou aux compliments que vous avez reçus au cours des années.

Et vous ?

Vous souvenez-vous d'avoir accordé une attention sélective à des événements ou des informations qui confirment vos croyances et ignoré les informations en contradiction avec ces croyances ? Notez ici ces exemples :

....

....

....

....

....

Utiliser des affirmations abusives

On désigne par « affirmations abusives » des hypothèses erronées ou exagérées sur la façon dont les choses devraient être. Les affirmations comportant des mots comme « toujours », « jamais », « il faut » et « je dois » entrent souvent dans cette catégorie. La tendance d'un individu à abuser de ce type de mots est parfois révélatrice d'attentes trop rigides et perfectionnistes vis-à-vis de lui-même ou des autres. En voici quelques exemples :

- Je ne dois jamais être nerveux en présence d'autres personnes.
- Je ne dois jamais laisser paraître mon anxiété.
- Il ne faut jamais que je me trompe.
- Je ne dois jamais déranger les autres.
- Il ne faut surtout pas que les autres pensent du mal de moi.
- Je ne dois jamais faire quoi que ce soit pour attirer l'attention sur moi.
- Il ne faut jamais que les autres se moquent de moi ou rient de quelque chose que j'ai fait.
- Je dois toujours être intéressant et distrayant.
- Si je fais les choses à la perfection, tout ira bien.

Et vous ?

Notez ici des attentes irréalistes puisées dans votre vie quotidienne (des affirmations abusives), vous concernant ou concernant autrui :

....

....

....

....

....

Découvrir ce que l'on pense

Pour un grand nombre d'individus, l'une des étapes les plus difficiles du processus de changement est l'identification des pensées qui provoquent leur anxiété. Comme nous l'avons indiqué plus haut, les pensées, les anticipations et les croyances surviennent souvent tellement rapidement que nous n'en avons pas conscience. Si vous avez du mal à identifier vos pensées négatives, voici des stratégies qui devraient vous aider :

- Soyez attentif à vos « sautes » d'anxiété, aussi infimes soient-elles. Lorsque vous constatez une augmentation ou une diminution de l'anxiété, demandez-vous : « À quoi suis-je en train de penser ? », et « En quoi mes pensées ont-elles changé par rapport à celles que j'avais quelques instants auparavant ? »

- Souvenez-vous : la plupart des pensées pénibles peuvent être exprimées sous la forme d'une anticipation. Demandez-vous : « Qu'est-ce que je pense qu'il va arriver ? » ou « Qu'est-ce que ces personnes pensent de moi en ce moment ? »

- Parfois, les pensées négatives sont très générales, comme le fait de croire que quelqu'un ne va pas vous apprécier. Par moments, elles seront beaucoup plus spécifiques, centrées sur la croyance qu'une personne ne va pas apprécier tel ou tel aspect de votre personnalité ou de votre comportement. Pour les identifier, posez-vous la question suivante : « Ai-je peur que les autres pensent que je suis incompétent ? bête ? laid ? ennuyeux ? bizarre ? sans importance ? faible ? fou ? trop anxieux ? »

- Si vous craignez que les autres remarquent les symptômes qui trahissent votre anxiété, essayez de déterminer quels sont les symptômes qu'ils ont le plus de chance de percevoir : les tremblements ? le rougissement ? la voix mal assurée ? le visage tendu ? la perte du fil de votre discours ?

- Bien souvent, si les individus craignent le regard d'autrui, c'est parce qu'ils pensent qu'un jugement négatif sera suivi de conséquences fâcheuses, ou qu'il est le signe de quelque chose d'anormal en eux. En d'autres termes, si vous éprouvez de l'anxiété en situation sociale, vous considérez peut-être que vous méritez d'être critiqué par les autres, et que les défauts identifiés par les autres en vous – selon vous – sont bien réels. Pour isoler ce type de raisonnement, posez-vous des questions comme : « Et si le jeune homme avec qui j'ai pris un café aujourd'hui ne veut plus me revoir ? Quelles choses terribles cela signifiera-t-il à mon sujet ? » ou « À mon avis, qu'arrivera-t-il si mon public trouve ma présentation trop simple ? ».

Et vous ?

Il est utile de tenir un journal de vos pensées anxiogènes au fur et à mesure qu'elles surgissent. Au cours des prochaines semaines, essayez d'identifier et de consigner ici ces idées négatives. S'il vous est difficile de noter une pensée sur le vif, lorsqu'elle surgit (par exemple au beau milieu de votre présentation ou pendant que vous dînez avec des amis), efforcez-vous d'enregistrer vos anticipations négatives juste avant la situation ou immédiatement après.

....

....

....

....

....

....

....

....

....

....

Apprendre d'autres modes de pensée

Afin de ramener votre timidité ou votre anxiété sociale à un niveau plus maîtrisable, il est important que vous modifiiez la façon dont vous envisagez vos interactions sociales, et que vous appreniez à accorder moins d'importance à ce que les autres pensent de vous. Cela ne signifie pas que ce que les autres pensent de vous n'a aucune importance. Il nous arrive à tous de temps à autre de porter un jugement sur autrui et, dans certaines circonstances, produire une mauvaise impression peut avoir des conséquences négatives graves.

Il n'en demeure pas moins que, dans la plupart des cas, nous ne sommes pas en mesure de contrôler l'impression que nous produisons sur nos interlocuteurs, pas plus que nous ne savons ce que les autres pensent. En conséquence, nos suppositions sur le jugement d'autrui à notre sujet sont souvent totalement erronées. Enfin, les conséquences associées à une éventuelle mauvaise impression sont généralement beaucoup moins dramatiques que nous voulons bien le croire.

L'objectif de ce chapitre est de vous aider à ne plus considérer vos croyances négatives comme des faits, et à envisager la situation dans une perspective plus large : ne plus prendre en compte uniquement vos propres interprétations et croyances, mais aussi d'autres façons possibles d'envisager les interactions sociales et les situations de performance. Ne l'oubliez pas : ce ne sont pas les situations redoutées qui déclenchent votre anxiété, mais la façon dont vous les interprétez. Dans les pages qui suivent, nous vous proposons différentes méthodes que vous pouvez utiliser pour remettre en question vos pensées angoissantes et les remplacer par une façon plus réaliste ou plus équilibrée de considérer les situations qui vous mettent mal à l'aise.

Envisager des croyances alternatives et les confronter à la réalité

Au lieu de traiter vos croyances comme des faits, il est bien plus utile pour progresser de les considérer comme des suppositions et de les confronter à la réalité. Voici quelques questions à vous poser lorsqu'une pensée angoissante vous vient :

- Quels sont les faits ?
- Des faits viennent-ils confirmer ma pensée angoissante ?
- Les faits qui vont dans le sens de ma pensée angoissante sont-ils inattaquables ou pourraient-ils venir à l'appui d'une autre idée ?
- Quel est le contexte général ?
- Y a-t-il d'autres façons d'envisager cette situation ?
- Suis-je certain que mes anticipations se réaliseront ?
- Que m'apprennent mes expériences passées de la probabilité de réalisation de mes pensées angoissantes ?
- Existe-t-il des faits ou des statistiques pour m'aider à déterminer si ma prédiction est susceptible de se réaliser ?

En envisageant des explications et des interprétations alternatives, et en vous autorisant à analyser les faits et les preuves, vous découvrirez peut-être que votre croyance originelle n'est pas aussi « vraie » qu'elle le semblait, et cette prise de conscience vous aidera à atténuer votre anxiété.

Voici quelques exemples de mise en pratique de la démarche.

Vous vous promenez dans la rue et vous apercevez un collègue que vous ne connaissez pas très bien. Vous lui dites bonjour et il ne vous répond pas. Qu'éprouvez-vous dans cette situation ? Chez certains individus qui craignent d'être jugés négativement par autrui, cette situation risque de susciter anxiété, tristesse ou colère, en particulier s'ils pensent que leur collègue les a délibérément évités. Nourrir des pensées comme « Il n'est même pas capable de se rappeler qui je suis » ou « Je suppose qu'il ne m'aime pas » pourra être très perturbant pour une personne encline à la timidité et à l'anxiété sociale.

Mais ces interprétations sont-elles les seules que l'on puisse faire de la situation ? En réalité, il existe de multiples raisons pour lesquelles un collègue peut ne pas vous dire bonjour dans cette situation hypothétique. Peut-être était-il distrait ou ne vous a-t-il pas entendu lui dire bonjour. Il est tout aussi possible qu'il vous ait dit bonjour et que vous ne l'ayez pas entendu. Ou peut-être n'était-il pas dans son assiette. Peut-être se sentait-il trop malade, trop déprimé, ou trop énervé pour vous saluer. Peut-être était-il pressé... ou peut-être s'agit-il d'une personne très timide. Et si votre collègue n'aimait tout bonnement pas s'arrêter dans la rue pour dire bonjour à quelqu'un ? Ou s'il ne vous avait pas reconnu en dehors du contexte professionnel dans lequel il est habitué à vous voir ?

En d'autres termes, de nombreuses raisons, qui n'ont strictement rien à voir avec vous, peuvent expliquer pourquoi votre collègue ne s'est pas arrêté pour vous dire bonjour. Après avoir envisagé les explications alternatives, il est souvent plus facile de se rendre compte que la croyance de départ était peut-être erronée.

Mais que faire si elle se révèle fondée ? Si votre collègue ne se souvient pas de vous ou (à dieu ne plaise !) qu'il ne vous aime pas ? Est-ce vraiment si dramatique ? Que signifie le fait qu'*une* personne ne vous apprécie pas ? Pour répondre à cette question, penchons-nous sur la croyance : « Il est important que tout le monde m'aime ». C'est une croyance que l'on observe souvent chez les individus souffrant d'une anxiété sociale excessive.

Est-il réellement important que tout le monde vous aime ? Naturellement, il est important que certaines personnes vous apprécient, votre chef et votre conjoint par exemple. Mais en est-il de même pour un collègue qui vous connaît à peine ? Devez-vous en tirer des conclusions sur vous-même ? Cela signifie-t-il que quelque chose ne va pas chez vous ? En vous posant ces questions-clés, vous serez plus à même d'envisager les faits tels qu'ils sont pour en tirer des conclusions réalistes.

Les questions-clés à se poser

Pour commencer, connaissez-vous, ou même pouvez-vous imaginer, quelqu'un que tout le monde aimerait ? Une célébrité peut-être, un acteur ou un homme politique ? Vous aurez beau retourner la question des dizaines de fois dans votre tête, vous ne trouverez probablement personne répondant à ce critère. Selon certains de ses biographes, même Mère Teresa avait ses détracteurs ![1] Si Mère Teresa n'était pas aimée de tout le monde, comment voulez-vous que ce soit notre cas, à vous ou à moi ?

La chose est-elle même possible ? Serait-il concevable que tout le monde vous trouve formidable et intéressant ? Une nouvelle fois, la réponse est probablement « Non ». Les qualités mêmes qui rendent un individu intéressant, attachant et séduisant aux yeux des uns le rendront antipathique aux yeux des autres. Si tel n'était pas le cas, nous voterions tous pour les mêmes hommes politiques. Et nous voudrions tous épouser la

---

1. DILS T. E., *Mother Teresa (Women of Achievement)* ; SEBBA A., *Mother Teresa: beyond the Image.*

même personne, aller voir les mêmes films, et passer du temps avec les mêmes amis. Chacun d'entre nous est attiré par différents types d'individus, de lieux et d'activités. Il en découle que vous ne serez jamais apprécié par tout le monde (pas plus que moi d'ailleurs).

Examinons un autre moyen de remettre en question les pensées susceptibles de déclencher votre anxiété sociale. Imaginez que vous soyez nerveux en présentant votre projet devant vos collègues. Vous êtes conscient, de temps en temps, que vos mains tremblent et que votre voix est mal assurée. La pensée automatique qui vous vient est : « Tout le monde va remarquer mon anxiété, et tous mes collègues vont se dire que je ne maîtrise pas mon sujet ». Comment remettre en cause ces pensées ? Que vous apprend ce que vous observez ?

Voici quelques-unes des questions que vous pouvez vous poser pour vous aider à voir la situation de manière différente. Tout d'abord, quelles chances y a-t-il que tout le monde remarque votre anxiété ? Certaines personnes sont tellement absorbées par elles-mêmes qu'elles ne remarqueraient absolument rien de vous, sauf si vous leur tapiez sur la tête ! Si vous ne nous croyez pas, essayez donc d'attirer l'attention de quelqu'un dans un lieu public ; vous serez surpris de voir à quel point cela peut parfois être difficile.

Ensuite, même si une personne se rend compte que vous avez les mains qui tremblent et la voix mal assurée, que va-t-elle penser de vous ? Bien sûr, elle se dira peut-être que vous êtes incompétent. Cependant, il se peut aussi qu'elle pense que vous êtes tout simplement nerveux (comme le sont la plupart des gens lorsqu'ils s'expriment en public). Il peut être utile de vous souvenir, chaque fois que vous faites une présentation, que pour les personnes présentes dans la salle, votre intervention n'occupe qu'une toute petite partie de leur journée et une part plus infime encore de leur vie. En toute honnêteté, quelle est la probabilité qu'elles accordent de l'importance au fait que votre voix tremble un peu ?

Une stratégie en quatre étapes

Fondamentalement, prendre en compte la réalité comporte quatre étapes :

1. Identifier vos pensées angoissantes.

2. Générer des croyances alternatives.

3. Soupeser les éléments qui confirment et infirment vos croyances.

4. Choisir des croyances plus réalistes.

Nous allons détailler cette stratégie à travers un exemple : gérer l'anxiété que provoque un échange de banalités avec un nouveau voisin.

1. Identifier la pensée angoissante

- Il va penser que je suis idiot parce que je n'ai rien à dire.

2. Produire des croyances alternatives (qui ne suscitent pas d'anxiété)

- Il n'a peut-être pas remarqué que je ne savais pas quoi dire.

- Je ne parle pas beaucoup, mais lui non plus. Il est peut-être trop timide.

- Il s'est peut-être dit que j'étais simplement préoccupé ou pressé.

- Il pense peut-être que je suis un peu timide, au lieu de me prendre pour un idiot.

3. Examiner les faits

Faits à l'appui de ma croyance angoissante :

- J'ai déjà entendu des gens dire que je ne parlais pas beaucoup en société.

56

- Au lycée, des élèves qui ne me connaissaient pas se sont moqués de moi en me disant que j'étais un incapable.

Faits à l'appui de mes croyances alternatives :

- Mon nouveau voisin semblait lui aussi un peu mal à l'aise.

- Il est tout à fait normal que certaines conversations ne s'éternisent pas et que nous n'ayons pas tous en permanence des choses passionnantes à raconter.

- Même s'il m'a trouvé peu bavard, il n'y a aucune raison de penser qu'il va voir là un signe de stupidité. L'intelligence n'a pas grand-chose à voir avec la quantité de paroles que débitent les gens. Je connais de nombreuses personnes qui parlent beaucoup et qui ne sont pas particulièrement brillantes.

4. Choisir une croyance plus réaliste

- Mon voisin a peut-être remarqué que je n'étais pas bavard, mais je n'ai aucune raison de penser qu'il se soit dit que j'étais stupide.

<u>Et vous ?</u>

Au cours des prochaines semaines, ou pendant le temps où vous travaillerez les stratégies proposées dans ce livre, essayez de passer par ces quatre étapes pour évaluer les faits chaque fois que vous aurez des pensées angoissantes liées à des situations sociales (si possible, faites-le plusieurs fois par semaine).

Commencez par essayer de faire l'exercice sur papier en utilisant la fiche ci-après. Avec le temps, il vous sera plus facile de vous livrer à cette stratégie dans votre tête et cela deviendra peut-être même un automatisme.

Étudier la réalité

Situation :

....

....

....

Croyances, anticipations et interprétations anxiogènes :

....

....

....

Croyances, anticipations et interprétations alternatives :

....

....

....

Preuves corroborant mes pensées angoissantes :

....

....

....

Preuves contredisant mes pensées angoissantes :

....

....

....

Choix d'une façon de penser plus réaliste :

....

....

....

Lutter contre le catastrophisme

Il existe une méthode simple et efficace pour lutter contre le catastrophisme. Au lieu d'échafauder systématiquement des scénarios catastrophes autour de vos anticipations négatives, posez-vous des questions comme :

- Admettons que mes anticipations se réalisent. Et après ?
- Comment pourrais-je gérer cette situation si elle se produisait ?
- Est-ce vraiment aussi important que je le pense ?
- Si la prédiction que je redoute devient réalité, cela aura-t-il réellement des conséquences ? Demain ? Dans un mois ? Dans un an ?

Cette stratégie vous aidera à percevoir que ces choses négatives que vous redoutez tant sont bien loin d'être aussi importantes que vous le pensez. Que vous transpiriez quand vous prenez un café avec un garçon pour la première fois est somme toute sans grande conséquence, tout comme le fait, à bien y réfléchir, que le garçon en question ne souhaite pas vous revoir. En la matière, vous en conviendrez, il est normal et banal de connaître quelques déconvenues ! De la même manière, la Terre ne s'arrêtera pas de tourner – et votre image n'en sera pas diminuée – si vous perdez le fil de votre discours lors d'une présentation, si vous êtes ennuyeux pendant une conversation, ou si vous vexez sans le vouloir un commerçant en lui rapportant un article que vous avez acheté par erreur. Nous vivons tous ce genre de situations un jour ou l'autre. Elles sont désagréables, certes, mais leurs conséquences sont généralement minimes.

<u>Et vous ?</u>

Au cours des semaines qui viennent, essayez de noter des exemples de pensées catastrophistes auxquelles vous êtes sujet. Supposez-vous, à certains moments, que telle ou telle situation va devenir complètement ingérable ? Si oui, utilisez la stratégie proposée ci-dessus.

Nous vous proposons ci-après un « tableau de dédramatisation » pour vous aider à remettre en question les pensées noires que déclenchent en vous certaines situations sociales.

Il comporte trois colonnes :

- Dans la première, décrivez la situation qui a provoqué votre anxiété.
- Dans la deuxième, inscrivez les pensées et anticipations angoissantes correspondantes.
- Puis posez-vous les questions mentionnées ci-dessus et notez vos réponses « raisonnées » dans la troisième colonne.

Enregistrez le niveau de votre anxiété (sur une échelle de 0 à 100) avant et après l'exercice.

Vous trouverez page 62 quelques exemples pour vous guider.

Situations	Pensées et anticipations angoissantes (Selon moi, que va-t-il se produire ?)	Réponses non catastrophistes dédramatisées (Et quand bien même mes prédictions se réaliseraient ?)

L'tableau de dédramatisation

Situations	Pensées et anticipations angoissantes (Selon moi, que va-t-il se produire ?)	Réponses non catastrophistes dédramatisées (Et quand bien même mes prédictions se réaliseraient ?)
Faire une présentation	Untel va penser que je suis idiot.	Ce n'est pas parce que Untel pense que je suis idiot que c'est le cas. Son opinion n'engage que lui.
Avoir du mal à trouver des choses à dire au cours d'une conversation	Mes mains vont trembler.	Ce ne serait pas la fin du monde si Untel remarquait mon anxiété. Tout le monde éprouve de l'anxiété de temps à autre.
	J'aurai l'air faible ou incompétent.	Et même si mes mains tremblent, qu'est-ce que cela peut faire ? J'ai le droit d'avoir les mains qui tremblent. En fait, personne ne va le remarquer, c'est à peu près sûr. Et même si quelqu'un s'en rend compte, il ne s'en formalisera pas. Mon chef aussi a les mains qui tremblent, et cela ne semble gêner personne.
Participer à une soirée	Untel va se sentir gêné pour moi.	
Demander à quelqu'un de sortir avec vous	Untel va remarquer mon anxiété.	
Marcher dans un centre commercial bondé		Si on se moque de moi ou si on me tourne en ridicule, j'arriverai à faire face à la situation. Cela arrive à tout le monde, non ? Moi aussi, je me moque parfois des gens. C'est vrai, sur le moment, ce n'est pas agréable, mais au fond cela n'a aucune importance.

Se souvenir de ses points forts et de ses qualités

Si vous vous focalisez exclusivement sur vos petites erreurs et ce que vous considérez comme des défauts, tant au niveau de votre personnalité que de votre apparence, il y a peu de chances que votre anxiété régresse. Ainsi, si vous supposez que tout le monde vous juge en se fondant sur le fait que vos mains tremblent ou ne tremblent pas, vous n'en serez que plus nerveux lorsque vos mains trembleront. De la même manière, si vous pensez que tout le monde va vous critiquer à cause des dix secondes de votre présentation au cours desquelles vous avez bafouillé, il y a peu de chances que vous abordiez jamais vos présentations avec sérénité.

Il nous arrive à tous de porter des jugements sur autrui. Pour autant, il est hautement improbable que les autres se fassent une opinion de vous d'après tel ou tel comportement auquel vous pensez qu'ils sont sensibles. Nous formons en effet notre jugement sur autrui d'après toutes sortes d'informations, en voici quelques-unes :

- l'apparence (poids, taille, couleur et style de cheveux, traits du visage, vêtements, chaussures…) ;
- l'intelligence (aptitudes verbales, capacité à résoudre des problèmes, faculté d'adaptation…) ;
- les compétences (capacité à bien faire son travail, à réparer des choses dans la maison…) ;
- les habitudes de travail (ponctualité, capacité de travail, de concentration…) ;
- les capacités athlétiques ;
- la créativité (talents artistiques ou musicaux par exemple) ;
- l'hygiène de vie (régime alimentaire, tabagisme, consommation d'alcool, exercice physique…) ;
- le statut social (lieu de vie, revenus, type d'emploi…) ;

- l'humeur (joyeuse, enthousiaste, triste, colérique, inquiète…) ;
- la personnalité (générosité, empathie, confiance, courtoisie, arrogance…), etc.

Pour la plupart, nous sommes largement au-dessus de la moyenne pour certaines dimensions, bien en dessous pour d'autres et dans la moyenne pour la majorité. La sévérité avec laquelle un individu vous critiquera sur une dimension donnée dépend généralement de l'importance qu'il accorde au domaine en question. Même si certaines personnes vous reprochent d'avoir l'air nerveux, la plupart s'en moquent complètement. Si vous supposez que les autres se focalisent sur les domaines dans lesquels vous vous sentez inférieur, vous continuerez à éprouver de l'anxiété et de la peur au contact des autres.

Si vous êtes naturellement enclin à ne voir que ce que vous considérez comme vos points faibles ou vos défauts, il vous faudra peut-être un peu d'entraînement pour identifier les dimensions sur lesquelles vous excellez ou sur lesquelles vous vous situez dans la moyenne.

Et vous ?

Répertoriez vos points forts et vos qualités :

....

....

....

....

....

Changer de perspective

Adopter une perspective différente est un autre moyen efficace d'atténuer l'anxiété sociale. Les personnes timides, en effet, se montrent souvent beaucoup plus sévères vis-à-vis d'elles-mêmes que ne le sont les autres. Elles sont aussi plus dures vis-à-vis d'elles-mêmes que vis-à-vis des autres. Pour envisager une situation de manière plus réaliste, essayez d'adopter le point de vue de quelqu'un qui ne souffrirait pas du même handicap que vous. Vous pouvez aussi imaginer ce que vous penseriez d'une personne qui se comporterait comme vous en situation sociale. Voici quelques questions qui vous seront utiles pour enclencher le processus de changement de perspective :

- Comment quelqu'un qui ne connaît pas l'anxiété sociale (mon conjoint par exemple) envisagerait-il la même situation ?

- Que dirais-je à une personne chère qui éprouverait la même chose que moi ?

- Quelles questions encouragerais-je une personne dans ma situation à se poser (pour remettre en question ses pensées angoissantes) ?

- Que penserais-je d'une personne qui transpire (rougit, bafouille, a les mains qui tremblent, etc.) ? Ferais-je toutes sortes de suppositions terribles à son sujet ?

- Que penseraient par exemple les autres de ma meilleure amie s'ils remarquaient son anxiété pendant une présentation ? Auraient-ils toutes ces pensées négatives que je leur prête lorsque je fais moi-même une présentation ?

Et vous ?

Au cours des prochaines semaines, essayez d'utiliser le changement de perspective lorsque vous vous imaginez ce que les gens pensent de vous en situation sociale. Notez le niveau de votre anxiété (sur une échelle de 0 à 100) avant et après l'exercice. Soyez attentif à tout changement d'intensité de votre anxiété.

Niveau d'anxiété avant l'exercice (0 à 100)	À mon avis, les autres pensent que je...	Si j'étais à la place des autres, je penserais (de moi) que...	Si j'étais une personne non anxieuse, je penserais que...	Niveau d'anxiété après l'exercice (0 à 100)

Analyser les coûts et les bénéfices

Voici à présent une analogie qui n'a pas grand-chose à voir avec l'anxiété sociale, mais qui illustre très bien le propos de cette section. Nous sommes tous élevés avec l'idée qu'il est important d'être propre. Donc, nous nous lavons, nous prenons des douches, nous nous brossons les dents, nous changeons de vêtements et nous faisons le ménage. Grâce à cette croyance, nous offrons aux autres une apparence agréable, et nous nous protégeons contre les maladies. En d'autres termes, croire en l'importance de la propreté est quelque chose d'utile à la plupart d'entre nous.

Certains individus, toutefois, développent des comportements excessifs en matière de propreté. Nous avons tous, parmi nos amis ou nos connaissances, des maniaques de la propreté et de l'ordre, qui passent chaque jour plusieurs heures à faire le ménage et à ranger, et peuvent entrer dans des colères noires si un bibelot n'est pas à sa place. D'autres personnes sont tellement terrorisées à l'idée d'être contaminées par des microbes ou de la saleté qu'elles se lavent les mains à tout bout de champ. Certaines, qui souffrent de ce que l'on appelle un TOC (trouble obsessionnel compulsif), se lavent les mains plusieurs centaines de fois par jour, à tel point que leurs mains sont rouges, gercées et, en fait, beaucoup plus sensibles à la contagion et à l'infection. Pour ces individus, la croyance « il est important d'être propre » n'est pas bénéfique. Bien qu'elle le soit pour la plupart d'entre nous, cette croyance perd toute utilité lorsqu'elle est interprétée de manière excessive ou rigide. Elle devient tout au contraire une source de souffrance, et handicape l'individu dans sa vie quotidienne. Même manger trop de carottes peut être mauvais pour la santé et faire virer votre peau à l'orange !

Il en est de même des pensées sous-jacentes à l'anxiété sociale. Comme nous l'avons vu dans ce chapitre, les pensées angoissantes relatives aux interactions sociales et aux situations de performance sont souvent infondées. Il arrive toutefois qu'elles soient fondées (du moins dans une certaine mesure), mais qu'elles constituent tout de même un problème. Dès lors, il ne suffit pas de déterminer si vos pensées sont fondées ; il faut aussi savoir si vos pensées et vos comportements vous aident. Si c'est le cas, ils valent peut-être la peine d'être conservés. Sinon, l'heure est sans doute venue de vous en débarrasser.

Chacun d'entre nous souhaite produire une bonne impression sur les autres : personne n'a envie de passer pour une personne incompétente, stupide, ennuyeuse ou faible. D'une certaine manière, timides ou non, anxieux ou non, nous entretenons tous les mêmes croyances. « Il est important d'être apprécié par les autres » ou « Il est important de faire bonne impression » sont des croyances utiles et bénéfiques, que la plupart d'entre nous développent dès leur plus jeune âge. Produire une impression favorable sur autrui nous aide à nous faire des amis, à progresser dans notre carrière et à impressionner nos professeurs. Dans la vie, il est vrai que nos récompenses sont souvent à la mesure de notre capacité à influencer les autres en notre faveur.

Cependant, les grands anxieux sociaux tendent à se préoccuper exagérément de l'opinion et du regard des autres, à tel point que leurs comportements sociaux quotidiens en sont affectés, et produisent très précisément l'inverse de l'effet recherché. Le problème avec les croyances et les pensées associées à l'anxiété sociale n'est pas tant qu'elles puissent être infondées, c'est que l'individu s'y cramponne et refuse d'en démordre. En d'autres termes, des croyances comme « Il faut toujours que je fasse bonne impression » seront bénéfiques et utiles pour certaines personnes, mais peut-être pas pour vous.

L'autre élément important est de savoir si vos pensées et vos comportements vous aident. Vous trouverez ci-après un exercice pour vous guider. Si vous avez du mal à déterminer si telle ou telle pensée angoissante est fondée ou non, essayez d'analyser les coûts et les bénéfices associés au fait de ruminer cette pensée. En quoi la qualité de votre vie serait-elle meilleure si vous n'aviez pas cette pensée ?

Et vous ?

Décrivez votre pensée ou votre anticipation angoissante :

....

....

....

Répertoriez les bénéfices que vous retirez de cette pensée ou de cette anticipation :

....

....

....

Répertoriez les coûts générés par cette pensée ou cette anticipation :

....

....

....

Adopter des affirmations rationnelles d'adaptation

Au paroxysme de votre anxiété, il vous sera peut-être difficile de remettre en question vos pensées négatives en utilisant les techniques proposées dans ce chapitre. En effet, si votre attention est accaparée par le fait d'essayer de surmonter la situation, il vous sera presque impossible de penser logiquement. Les affirmations rationnelles d'adaptation sont relativement faciles à utiliser, et n'exigent pas le même niveau d'analyse logique que les techniques proposées plus haut. Il s'agit ici de phrases courtes, destinées à vous aider à combattre vos pensées anxiogènes. En voici quelques exemples :

- Cela ne serait pas gênant si Untel ne m'appréciait pas.
- Rougir en public n'est pas un problème.
- Les attaques de panique sont désagréables, mais sans danger.
- Il est normal d'avoir l'air inquiet pendant une présentation.
- Je n'ai pas l'impression que les gens remarquent que mes mains tremblent.

Vous trouverez peut-être utile de noter plusieurs phrases de ce type sur une petite carte que vous conserverez sur vous. De la sorte, lorsque vous aurez à affronter une situation que vous redoutez, vous pourrez sortir la carte de votre sac à main ou de votre portefeuille, et vous répéter une ou plusieurs de ces phrases pour combattre vos pensées anxiogènes. Choisissez les phrases qui sont les plus pertinentes pour vous, et veillez également à choisir des affirmations crédibles. Par exemple, il ne servirait à rien de vous dire : « Non, je ne vais pas éprouver d'anxiété » si vous êtes toujours paniqué lorsque vous parlez en public et que vous vous apprêtez précisément à faire une présentation. Une alternative plus crédible pourrait être : « Ce n'est pas la fin du monde si je suis anxieux ».

Et vous ?

Inscrivez ci-dessous cinq affirmations rationnelles d'adaptation pertinentes par rapport à vos croyances angoissantes :

1. ....

....

2. ....

....

3. ....

....

4. ....

....

5. ....

....

Utiliser les expérimentations comportementales

Dans ce chapitre, nous vous avons montré qu'il était important que vous adoptiez une démarche scientifique, c'est-à-dire que vous envisagiez tous les tenants et les aboutissants objectifs d'une situation, avant de décider si vos croyances anxiogènes sont fondées. Dans certains cas, toutefois, vous ne disposerez pas de tous les éléments nécessaires pour parvenir à une conclusion réaliste. C'est dans ce type de contextes que les expérimentations comportementales se révèlent particulièrement utiles. Cette stratégie consiste à tester la validité de vos anticipations en conduisant des recherches systématiques, exactement comme le ferait un savant.

Il ne s'agit plus ici d'essayer de modifier vos pensées en réfléchissant à la situation. Les expérimentations comportementales supposent que vous vous engagiez pour de bon dans certains comportements, pour savoir au travers d'expériences réelles si vos pensées angoissantes sont biaisées ou excessives. Voyons cela d'un peu plus près à travers l'exemple de Paula.

Paula, graphiste de 33 ans, suivait une thérapie pour apprendre à gérer son anxiété sociale. À cause de sa peur de rencontrer de nouvelles personnes, cela faisait des années qu'elle était célibataire et sa solitude lui pesait.

Un jour, Paula arriva à sa séance très abattue. Elle venait de sortir d'un café très animé et y avait vécu une situation qui était venue confirmer sa conviction qu'elle n'arriverait jamais à rien. Elle n'avait pu s'empêcher de remarquer qu'elle était la seule jeune femme non accompagnée dans le café et que tous les autres clients semblaient heureux. Son thérapeute se demanda si Paula n'avait pas été uniquement attentive aux informations qui confirmaient ses croyances anxiogènes, ignorant tout indice qui aurait pu plaider en faveur d'une vision plus nuancée de la situation. Il conseilla donc à Paula de tenter l'expérience suivante : il lui demanda de retourner dans le même café juste après sa séance et d'emporter avec elle un stylo et une feuille de papier. Sa mission était de rédiger un bref commentaire sur chaque client présent dans le café, en précisant s'il était ou non accompagné, et en lui attribuant une note de « bonheur » sur une échelle de − 100 (très malheureux) à + 100 (très heureux).

Lorsque Paula retourna dans le café, elle remarqua qu'en réalité, de nombreux clients étaient seuls. En outre, si certaines personnes respiraient la bonne humeur, une ou deux avaient l'air vraiment tristes et, pour la majorité, il était difficile de savoir si elles étaient heureuses ou non. Cette expérience lui démontra de manière éclatante que la première fois qu'elle avait été dans le café, elle avait concentré son attention sur les personnes présentes de manière totalement biaisée.

Ce n'est qu'un exemple d'expérience comportementale parmi beaucoup d'autres. Pour imaginer un scénario adapté à vos propres angoisses, posez-vous la question : « Que puis-je faire pour savoir si ma croyance est fondée ? » Par exemple, si vous êtes persuadé que vous ne supportez pas d'être le point de mire, essayez d'attirer l'attention sur vous – en laissant par exemple tomber des livres par terre dans un lieu public. Si l'idée de perdre le fil de vos pensées pendant une présentation vous panique, faites exprès de bafouiller. Ou encore, si vous vous dites que vous devez à tout prix être drôle pendant une conversation, soyez volontairement ennuyeux et voyez ce qui se produit. Naturellement, faites preuve de bon sens lorsque vous créez ces scénarios : ne faites rien qui pourrait vous attirer des ennuis. Ne traitez pas votre patron d'idiot juste pour voir comment il réagira !

<u>Et vous ?</u>

Au cours des prochaines semaines, imaginez une série de petites expérimentations pour tester vos croyances et vos prédictions en situation réelle. Consignez ici ce que vous éprouvez juste avant l'expérience, et à la fin de l'expérience, notez le résultat. Que vous a appris cette expérience concernant la validité de vos croyances ?

Expérimentation comportementale	Sentiments avant l'expérience	Résultats de l'expérience Ma croyance était-elle fondée ?

──── **Résolution de problèmes** ────

Tel le cours de la vie, les thérapies cognitives ne sont pas un long fleuve tranquille. Voici quelques problèmes que les gens rencontrent fréquemment lorsqu'ils essayent d'utiliser les stratégies cognitives décrites dans ce chapitre, ainsi que des pistes pour les résoudre.

Je sais que mes croyances sont excessives, mais j'ai du mal à croire les pensées alternatives, réalistes.

- Ce problème surgit souvent au cours de thérapies cognitives. Au début, les stratégies semblent superficielles ou artificielles. La solution est de continuer à les adopter, de vous y tenir. Avec la pratique, les croyances alternatives plus réalistes deviendront plus fortes et plus automatiques. Vous trouverez peut-être également dans les stratégies comportementales, y compris dans les expérimentations de comportements (qui ont été examinées dans ce chapitre) et dans l'exposition (que nous aborderons au chapitre 4), une aide précieuse pour faire évoluer vos peurs.

Lorsque je suis anxieux, je n'ai pas les idées assez claires pour remettre en question mes croyances.

- Si vous êtes trop anxieux pour avoir recours aux stratégies cognitives, essayez de les utiliser dans des moments où vous êtes peu angoissé. Par exemple, avant la situation redoutée, ou après.

Je n'ai aucun moyen de savoir si mes croyances angoissantes sont réalistes.

- Si vous avez évité une situation pendant des années, il est probable que vous n'ayez pas une idée très juste de ce qui se passerait réellement si vous l'affrontiez. Vous ne disposez d'aucune expérience pour vous aider à déterminer si vos croyances sont réalistes. Il n'en demeure pas moins que rechercher des expériences, qui vous apporteront la preuve qui vous manque peut-être, vous sera bénéfique.

Lorsque j'examine les preuves relatives à ma croyance, je conclus que mes pensées négatives sont fondées.

- Il est possible, en effet, que vos pensées anxiogènes soient fondées. Ainsi, certaines personnes, qui craignent d'être jugées de manière négative par autrui, sont l'objet de moqueries, de marques de mépris ou d'antipathie de la part des autres. Cela peut s'expliquer par le fait que les grands timides ont parfois des comportements mal perçus par autrui, comme fuir l'intimité, éviter les contacts visuels, se tenir à l'écart, ou parler à voix basse. Il n'est pas rare qu'ils soient perçus comme des individus distants, voire snobs, ou ombrageux. Si les gens ont effectivement une opinion négative de vous, commencez par essayer de comprendre pourquoi, puis attelez-vous à modifier les comportements qui suscitent des réactions négatives chez les autres. Nous verrons dans le chapitre 5 comment améliorer vos compétences interpersonnelles.

Affronter les situations redoutées

4

Dans le chapitre 3, nous avons vu comment identifier vos croyances négatives et les remplacer par des interprétations et des pensées plus réalistes. Modifier la façon dont vous percevez les situations sociales est une des démarches les plus importantes pour atténuer votre anxiété. Outre les stratégies que nous venons de voir (remettre en question vos croyances, analyser les preuves, etc.), un autre moyen très efficace pour faire évoluer vos pensées négatives est l'exposition directe aux situations redoutées : affrontez-les sur le terrain et plus seulement dans votre tête. L'« exposition » consiste à vous soumettre à des expériences nouvelles, qui vous démontreront que la plupart des pensées ou anticipations sous-jacentes à votre timidité ou à votre anxiété sociale sont excessives, et bien souvent infondées.

Avez-vous en tête un exemple de situation qui vous terrorisait autrefois mais que vous ne redoutez plus du tout ? Avez-vous eu peur de conduire (peut-être lorsque vous avez commencé à apprendre), d'être dans l'obscurité, ou de chausser des skis pour la première fois ? Lorsque vous repensez à votre rencontre avec votre conjoint, avez-vous le souvenir d'avoir été anxieux ou nerveux lors de vos premiers rendez-vous ? Nous craignons tous certaines situations, mais au fil du temps, nous avons réussi à surmonter certaines de nos peurs.

Si tel est votre cas, comment avez-vous réussi à surmonter la peur en question ? Très souvent, la « guérison » se fait assez naturellement, lorsque l'individu décide d'affronter la situation redoutée pour ne plus avoir à subir les difficultés associées à son anxiété.

Dans la majorité des cas, affronter les situations que l'on redoute se traduit progressivement par une diminution de la peur. L'exposition est une méthode qui a fait la preuve de son efficacité dans toutes les cultures… et jusque chez les animaux. Dans ce chapitre, vous allez voir comment utiliser les principes de l'exposition pour vaincre votre timidité.

L'évitement

Lorsqu'une personne se sent mal à l'aise, nerveuse ou effrayée, son premier réflexe est d'essayer de mettre un terme à son malaise. Si sa peur est suscitée par une situation ou un objet donné, le moyen le plus facile de se débarrasser de cette peur est de fuir la situation ou de l'éviter purement et simplement. Chaque fois qu'un individu évite une situation qu'il craint, il renforce sa conviction que l'évitement lui permet de se sentir mieux. Timides et anxieux sociaux tendent ainsi naturellement à éviter les interactions sociales ou les situations de performance qu'ils redoutent.

L'évitement n'est pas nécessairement une mauvaise chose. C'est un comportement dont nous sommes tous familiers, à des degrés divers.

Dans un sondage récent, 77,8 % des personnes interrogées reconnaissaient ainsi éprouver, au moins de temps à autre, le désir fort d'éviter une situation sociale.[1] Et n'allez pas croire non plus qu'il faille affronter n'importe quelle situation sous prétexte qu'elle vous met mal à l'aise ! Si vous n'aimez pas les montagnes russes, vous pouvez probablement vous permettre de les éviter dans les fêtes foraines, sans que cela prête à conséquence...

En revanche, l'évitement peut constituer un problème lorsqu'il survient fréquemment, et interfère avec la vie quotidienne (occasions sociales manquées, difficultés...), ou lorsque l'anxiété d'un individu est une source de problèmes graves dans sa vie. En d'autres termes, si vous êtes sujet à une timidité ou à une anxiété sociale importante, au point que cela constitue un problème et perturbe votre vie, l'évitement est une habitude que vous devez à tout prix essayer de faire disparaître. En commençant à affronter les situations redoutées, vous prendrez confiance en vous, vous découvrirez que vos anticipations les plus terribles ne se réalisent pas et, petit à petit, votre appréhension régressera.

Comportements sécurisants et anxiété sociale

L'évitement peut prendre des formes plus subtiles que la fuite ou le simple refus d'affronter une situation donnée. Voici quelques exemples de ces comportements de protection :

• consommer de l'alcool ou d'autres drogues en situation sociale ;

---

1. PURDON C. *et al.,* "Social Anxiety in College Students", *Journal of Anxiety Disorders,* n° 15(3).

- distraire son attention du sentiment d'anxiété ou des sensations physiques désagréables (par exemple penser à des choses agréables pour éviter de remarquer son sentiment d'anxiété) ;

- arriver tôt aux réunions sociales pour avoir une « bonne » place, ou éviter d'être le point de mire en effectuant une entrée lorsque tout le monde est déjà là ;

- faire glisser les conversations vers des sujets « sans danger » (par exemple poser des questions à son interlocuteur pour ne pas avoir à parler de soi) ;

- ne voir que des personnes qui parlent beaucoup, pour ne pas être obligé de participer soi-même à la conversation ;

- se maquiller considérablement, ou porter des pulls à col roulé pour dissimuler le rougissement de son visage ou de son cou ;

- ne rencontrer des gens que dans des lieux peu éclairés pour dissimuler ses signes d'anxiété ;

- chercher à savoir qui sera présent à une soirée avant de décider d'y aller ;

- ne pas sourire ou éviter les contacts visuels par crainte de provoquer une conversation ;

- préparer excessivement ses présentations pour être certain de ne pas commettre de faux pas ;

- remplir ses chèques avant d'aller dans les magasins pour ne pas avoir à écrire devant la caissière ;

- aller systématiquement aux toilettes avant de sortir de chez soi pour ne pas avoir à utiliser des toilettes publiques ;

- éviter les activités qui déclenchent les symptômes redoutés – rougissement, transpiration ou tremblements (par exemple éviter les exercices physiques en public parce qu'ils font transpirer).

Tout comme les formes plus évidentes de l'évitement, les comportements de protection sont souvent très efficaces pour réduire l'anxiété et la peur à court terme. Toutefois, ils contribuent à entretenir votre anxiété à long terme, parce qu'ils vous empêchent de prendre conscience que la situation est sans danger. Aussi longtemps que vous céderez à ces comportements, vous aurez tendance à croire que c'est grâce à eux que vous avez échappé au pire. Dès lors, le processus d'exposition à des situations que vous redoutez devra bien souvent débuter par l'élimination de bon nombre de ces petites choses que vous faites pour garder votre anxiété sous contrôle. Plusieurs études ont clairement démontré que l'élimination des comportements de protection, avec l'exposition en tant que telle, se traduit par des progrès plus importants que la seule exposition.[1]

Et vous ?

Établissez la liste des comportements de protection que vous avez tendance à utiliser dans les situations sociales :

....

....

....

....

Que se passe-t-il lorsque vous n'y avez pas recours ?

....

....

....

....

---

1. MORGAN H., RAFFLE C., "Does Reducing Safety Behaviours Improve Treatment Response in Patients with Social Phobia ?", *Australia and New Zealand Journal of Psychiatry*, n° 33 ; WELLS A. *et al.,* "Social Phobia: the Role of In-Situation Safety Behaviours in Maintaining Anxiety and Negative Beliefs", *Behavior Therapy*, n° 26.

Un peu de préparation

L'utilisation des techniques d'exposition vous sera d'autant plus profitable que vous vous y serez préparé. Avant de débuter, il est important que vous ayez identifié :

- les situations que vous avez tendance à éviter et celles qui déclenchent votre anxiété ;
- les facteurs qui influent sur votre peur dans ces situations ;
- les stratagèmes que vous avez développés pour éviter ces situations.

Vous avez peut-être déjà établi une liste des situations que vous redoutez (reportez-vous à l'exercice « Et vous ? Donnez une note aux situations dans lesquelles vous êtes mal à l'aise » du chapitre 2) et une liste de vos comportements d'évitement (ci-dessus). En revanche, vous n'avez pas encore identifié les variables qui affectent le niveau de votre peur dans les situations sociales. Tel est l'objectif de l'exercice que vous trouverez à la fin de cette section.

Le niveau d'anxiété d'un individu varie généralement en fonction de différents facteurs. Certains attributs des personnes avec lesquelles vous vous trouvez pourront ainsi influer sur ce que vous éprouvez. Vous avez peut-être plus de difficultés à interagir avec des personnes de votre âge qu'avec des personnes plus âgées ou plus jeunes. Ou peut-être certains aspects de la personnalité de vos interlocuteurs – plus ou moins grande agressivité, assurance, intelligence – vous posent-ils davantage de problèmes que d'autres. Parmi les facteurs susceptibles d'influer sur votre peur, on citera également le sexe de l'autre, votre degré d'intimité avec lui, sa situation conjugale – est-il marié ou célibataire ? – ou encore la plus ou moins grande attirance physique que la personne exerce sur vous. Certains aspects de la situation peuvent également avoir une influence : l'intensité de la lumière, le nombre de personnes présentes, la façon dont vous vous tenez – debout ou assis –, ce que vous portez, le fait que vous soyez le point de mire, etc.

<u>Et vous ?</u>

Établissez la liste des variables qui, selon vous, affectent régulièrement le degré de peur ou d'anxiété que vous éprouvez dans les
situations sociales qui vous mettent mal à l'aise :

....

....

....

....

....

Établir une hiérarchie d'exposition

Une fois que vous avez identifié les types de situations qui vous mettent
mal à l'aise, les variables qui influent sur le niveau de votre malaise et les
types de comportements de protection (ou d'évitement) auxquels vous
avez couramment recours face à ces situations, il vous reste à établir une
hiérarchie d'exposition. Il s'agit de classer les situations redoutées, des
plus difficiles au moins difficiles. Cette hiérarchie vous guidera dans vos
exercices d'exposition.

Généralement, les individus commencent par les situations les moins
difficiles, et répètent les exercices jusqu'à ce que les situations considérées ne suscitent plus d'anxiété chez eux. Ils passent ensuite progressivement aux situations plus difficiles, jusqu'à ce qu'ils puissent affronter la
plupart des éléments de la liste, sinon tous, avec peu d'anxiété. Voici
quelques conseils et quelques règles à respecter pour établir votre propre
hiérarchie :

• Essayez d'identifier dix à quinze situations.

• Sélectionnez des éléments réalistes (mais comportant néanmoins un
défi pour vous). S'il est par exemple peu probable que vous rencontriez

jamais la reine d'Angleterre, inscrire « Rencontrer la reine » sur votre liste n'est pas une très bonne idée ! Choisissez des situations qui se présentent de temps à autre, ou que vous pourriez provoquer si vous le souhaitiez.

- Définissez les éléments avec le plus de précision possible : indiquez le lieu, les autres personnes impliquées et tout facteur susceptible d'avoir une influence sur le niveau de votre anxiété.

- Si votre anxiété est suscitée par un éventail très large de situations sociales, il sera souvent utile de créer plusieurs hiérarchies. Par exemple : une hiérarchie pour les situations dans lesquelles vous êtes le point de mire (parler en public) et une autre pour les situations davantage liées au contact avec autrui (prendre un verre avec quelqu'un, engager la conversation).

- Pour l'instant, ne vous préoccupez pas de savoir si vous vous sentez prêt à essayer toutes les situations portées sur votre liste. Au début, il est probable que vous serez capable d'affronter les situations les moins difficiles ; les éléments portés en haut de votre liste, en revanche, vous sembleront souvent insurmontables.

Voici un exemple de hiérarchie d'expositions, pour une personne sujette à l'anxiété dans la plupart des interactions sociales et des situations de performance. Vous remarquerez que, outre le classement des situations par ordre de difficulté, une hiérarchie comporte également des notes (sur une échelle de 0 à 100), qui reflètent le niveau de peur que la situation suscite chez la personne (0 = aucune peur ; 100 = peur maximale). De temps à autre, réévaluez les éléments de votre hiérarchie pour mesurer les éventuelles évolutions de votre appréhension.

Exemple de hiérarchie d'expositions

Situation	Niveau de peur
Organiser une fête chez moi, inviter tous mes collègues de bureau et éviter de boire la moindre goutte d'alcool	100
Me rendre avec mon conjoint à une soirée chez un collègue et ne pas consommer d'alcool	90
Assister à un vernissage et bavarder avec les autres invités sans boire d'alcool	90
Inviter un autre couple à dîner (Jeanne et Paul) à la maison	85
Déjeuner avec un collègue et une tierce personne que je ne connais pas bien	80
Arriver à mon cours du soir avec quelques minutes de retard et avoir les regards de tous les autres participants braqués sur moi pendant que je rejoins ma place	70
Inviter un autre couple (Jeanne et Paul) à dîner au restaurant	70
Parler de tout et de rien (du temps) avec des inconnus dans un ascenseur	60
Raconter mon week-end à mes collègues en arrivant au bureau le lundi matin	55
Déjeuner à mon bureau sous le regard de mes collègues	50
Remplir un formulaire à la banque devant des gens	35
Demander mon chemin dans une station-service	30
Faire tomber mes clés dans un lieu public où des gens risquent de le remarquer	25

Et vous ?

Établissez votre propre hiérarchie d'exposition en utilisant les conseils que vous venez de lire :

Situation	Niveau de peur

Quelques principes à respecter

Selon toute vraisemblance, il vous est arrivé de vivre des expériences négatives en situation sociale. Vous avez peut-être commis des impairs, qui vous ont mis dans une position embarrassante. Ces expériences négatives ont pu renforcer votre conviction que la meilleure chose à faire était d'éviter les contacts avec autrui chaque fois que possible. Dès lors, vous vous demandez peut-être : « En quoi l'exposition à des situations sociales que je crains va-t-elle m'aider à dépasser ma peur, puisque cela n'a eu aucun effet jusqu'à présent ? »

Les expositions qui ont fait la preuve de leur efficacité dans la prise en charge de la timidité et de l'anxiété sociale sont bien différentes des situations que vous avez pu vivre sans y être préparé. Lorsqu'une situation redoutée surgit dans votre quotidien, vous y réagissez en effet selon vos schémas habituels, notamment en adoptant ces comportements que nous avons appelés « de protection » (par exemple en buvant plusieurs verres de vin avant d'aller à une soirée).

L'expérience prouve que ce type d'expositions, brèves, rares et imprévues, n'est d'aucune aide, et peut même se traduire par une aggravation de la peur. Ce que vous vous dites pendant les expositions peut également affecter leur résultat, et votre lutte contre votre appréhension ne fait qu'aggraver les choses.

Pour qu'une exposition soit efficace, il convient donc de respecter les principes suivants.

Les expositions doivent être planifiées et sous votre contrôle

Il est fascinant d'observer à quel point il est différent de subir une situation redoutée et de l'affronter avec la volonté de le faire. N'oubliez pas que vous contrôlez la situation et que vous avez choisi de l'affronter. Qui plus est, les expositions programmées semblent plus utiles que les expositions imprévues. Nous vous conseillons donc de planifier vos exercices à l'avance.

Il est également utile d'anticiper les résultats potentiels et la façon dont vous les gérerez. Par exemple, si vous projetez de vous entraîner à parler à des inconnus dans l'ascenseur, préparez-vous mentalement à ce que certaines personnes vous répondent de manière positive, d'autres de manière négative… et d'autres pas du tout. En anticipant un éventuel résultat négatif, vous serez moins traumatisé s'il survient.

Les expositions doivent être longues

Si vous quittez la situation d'exposition au bout de quelques minutes seulement, vous ne ferez que renforcer votre conviction que la meilleure façon d'atténuer votre malaise est d'éviter la situation et de fuir. Si vous restez plus longtemps (une heure ou deux), vous découvrirez que votre malaise finit par s'estomper, même si vous ne partez pas. Si une situation est brève par nature, nous vous conseillons de vous y exposer de manière répétée, jusqu'à ce que votre appréhension régresse. Si vous n'osez pas demander des renseignements à des inconnus, restez une bonne heure dans un centre commercial, et demandez l'heure à des douzaines de personnes différentes.

Les expositions doivent être fréquentes

Lorsque les individus ne retirent pas les bénéfices attendus d'une exposition, c'est bien souvent parce qu'ils n'ont pas respecté ce principe. L'exposition ne donnera pas de résultats si elle n'a pas lieu assez souvent. Vous devez donc vous entraîner chaque fois que l'occasion se présente, et au besoin, créer vous-même des opportunités. Généralement, il est conseillé de pratiquer l'exposition de manière quotidienne (pendant au moins une heure). En pratiquant au moins quatre à cinq fois par semaine, on constate en règle générale une atténuation de la peur en quelques semaines ou quelques mois.

N'essayez pas de lutter contre votre peur

Combattre votre appréhension ne fera bien souvent qu'empirer les choses. En laissant la peur survenir (et en vous autorisant à éprouver toutes les sensations qui accompagnent votre anxiété), elle diminuera beaucoup plus rapidement. Même si vous rougissez, tremblez ou transpirez en présence d'autrui, ne luttez pas contre ces manifestations physiologiques. Beaucoup d'individus passent par ce type de sensations (voir « Exercices d'exposition situationnelle » plus loin dans ce chapitre), et la plupart ne font aucun effort particulier pour dissimuler ces symptômes ou essayer d'empêcher leur survenue.

Éliminez vos comportements de protection

Ne l'oubliez pas : il est important d'essayer d'avoir recours moins souvent à des comportements de protection. Au début, il sera peut-être trop difficile de les éliminer complètement. Si tel est le cas, vous les abandonnerez progressivement, à mesure que vous vous sentirez plus à l'aise.

Avancez progressivement mais avancez !

Si un exercice donné est trop difficile, essayez quelque chose de plus facile. Procéder par étapes n'est pas un problème… aussi longtemps que vous continuez à avancer. Cela étant, progresser trop lentement présente certains inconvénients. Tout d'abord, vos progrès seront moins rapides si vous ne pratiquez que des situations très faciles, ou si vous franchissez très lentement les différents échelons de votre hiérarchie. Ensuite, si vos progrès sont trop lents, vous risquez de vous démotiver, et d'abandonner avant d'avoir retiré les bénéfices de cette démarche. *A contrario*, si vous essayez d'aller trop vite, vous risquez d'accroître votre malaise. Vous devrez donc décider du rythme le plus adapté à votre situation, et du degré de gêne que vous êtes prêt à accepter.

Pratiquez l'exposition avec différentes personnes et dans des contextes différents

Il est très fructueux d'introduire une certaine diversité dans votre entraînement. Par exemple, si manger en présence d'autres personnes vous met mal à l'aise, efforcez-vous de déjeuner ou de dîner avec des gens différents (amis, collègues et inconnus) et dans des lieux différents eux aussi (bistrot, centre commercial, restaurant d'entreprise ou chez vous). Cette diversité favorisera une amélioration plus complète de vos symptômes, et contribuera également à limiter la survenue de votre anxiété par la suite.

Préparez-vous à connaître des revers

Malheureusement, on progresse rarement de manière linéaire et continue. Certaines expositions se passeront mieux que vous ne l'aviez prévu… et d'autres, moins bien. Certains jours, les manifestations physiques de votre anxiété seront particulièrement fortes, ou les personnes que vous rencontrerez ne seront pas particulièrement agréables ni chaleureuses. Ne vous découragez pas si un exercice ne se passe pas bien. Avec le temps, le pourcentage d'expériences positives finira par l'emporter.

N'essayez pas d'être parfait

Le but n'est pas d'essayer de produire une impression parfaite sur les autres. Au cours du processus, il vous arrivera d'être jugé et même de vous ridiculiser (comme cela arrive à tout le monde). Utilisez les expositions comme des occasions de prendre des risques, de tenter des choses nouvelles et d'en apprendre davantage sur la façon dont les autres réagissent à ce que vous faites. Si vous commettez une erreur, essayez de laisser faire. Si vous avez tendance à être trop perfectionniste, les stratégies proposées dans le chapitre 9 vous seront particulièrement utiles.

Préparez-vous à éprouver de l'anxiété

Une erreur courante lors de la pratique d'expositions est de penser que l'on peut s'y livrer sans éprouver d'anxiété. Lorsque l'individu a peur ou transpire, rougit, ou tremble, il est déçu par lui-même, comme s'il avait échoué. C'est une erreur ! Vous êtes censé éprouver de l'anxiété pendant les expositions, et vous êtes aussi censé éprouver les symptômes de la nervosité. Ne l'oubliez pas : l'un des objectifs est d'affronter votre peur – idéalement jusqu'à ce qu'elle diminue. Si vous ne ressentez pas cette appréhension, c'est sans doute que l'exposition choisie n'est pas suffisamment difficile.

Programmez vos expositions à l'avance

Il est plus fructueux de déterminer au préalable quelles expositions vous envisagez, et à quels moments vous vous y livrerez, que de décider au dernier moment en fonction de votre humeur. Entraînez-vous même les jours où vous vous sentez plus anxieux que d'habitude. Une stratégie possible est de définir un calendrier de vos expositions au début de chaque semaine, pour les sept jours à venir.

Luttez contre les pensées négatives grâce aux stratégies cognitives

Vos exercices ne seront pas aussi bénéfiques qu'ils pourraient l'être si, immédiatement après une exposition, vous ne passez pas en revue toutes les raisons pour lesquelles les choses sont allées de travers, et si vous ne cherchez pas à comprendre comment vous vous êtes mis dans une situation gênante, et pourquoi vous êtes persuadé que les autres portent un jugement négatif sur vous. Si vous avez tendance à imaginer le pire dans les situations sociales, essayez d'utiliser les stratégies cognitives décrites dans le chapitre 3 pour vous aider à combattre vos pensées négatives avant, pendant et après l'exposition.

Exercices d'exposition situationnelle

Dans cette section, nous vous proposons des exercices d'exposition recouvrant un large éventail de situations d'interactions et de situations de performance, en particulier :

- prendre la parole en public ;
- bavarder ;
- gérer les conflits ;
- être le centre d'attention ;
- manger et boire en public ;
- écrire en présence d'autres personnes ;
- passer un entretien d'embauche ;
- être en présence d'autres personnes ;
- parler avec des supérieurs.

Pour chaque type d'exposition, il vous sera demandé d'identifier d'autres exercices qui pourraient vous être utiles. Si certains des exercices que nous vous proposons vous paraissent insurmontables, ne vous découragez pas. Comme nous l'avons vu plus haut, commencez par des défis à votre portée. Avec le temps, vous vous sentirez plus à l'aise, et vous pourrez alors vous attaquer aux pratiques les plus difficiles.

A contrario, vous trouverez peut-être certains de ces exercices très faciles. Si tel ou tel type d'interactions ou de situations de performance ne vous pose pas de problème, il est inutile de le travailler. Concentrez-vous sur les situations qui provoquent votre anxiété.

Prendre la parole en public

Pour surmonter votre peur de vous exprimer en public, profitez des occasions que vous offrent votre travail et d'autres situations de la vie quotidienne, ou provoquez-les.

Prenez la parole au cours de réunions avec vos collègues

Par exemple, donnez votre point de vue sur les sujets abordés. Posez des questions, et répondez à celles des autres. Si l'occasion se présente de faire une courte présentation, saisissez-la.

Proposez de faire une présentation devant vos collègues ou les membres d'une association

Si vous appartenez à un club du livre ou à un groupe de lecture, portez-vous volontaire pour présenter un résumé du livre sur lequel travaille votre groupe. Si vous êtes spécialiste de tel ou tel domaine, proposez à vos collègues de les faire profiter de vos connaissances en faisant un exposé.

Assistez à une conférence et posez des questions

Les conférences sont souvent annoncées dans la presse ou à la radio. N'oubliez pas non plus de jeter un coup d'œil aux tableaux d'affichage à la bibliothèque municipale, au supermarché et sur les vitrines des commerçants.

Inscrivez-vous à un cours à l'université ou dans tout autre établissement proposant des programmes pour adultes

Essayez de choisir des cours qui vous donneront l'occasion de faire des exposés. Obligez-vous à poser plusieurs questions durant chaque session. S'il ne vous est pas possible de vous inscrire à un cours, une autre option est d'assister en auditeur libre à des cours magistraux à l'université. Bien souvent, surtout dans les grandes villes, les cours de première ou de deuxième année réunissent des centaines d'élèves, et personne ne remarquera votre présence.

Faites un discours impromptu lors d'un mariage ou d'une fête

Si vous êtes invité à une fête ou si vous envisagez d'en organiser une vous-même, portez-vous volontaire pour prononcer un bref discours devant les invités.

Inscrivez-vous à un cours d'expression orale

Beaucoup de sociétés et d'instituts de formation proposent des cours d'expression orale (en particulier pour les hommes d'affaires). Si les prix sont souvent élevés, prenez tout de même la peine de vous renseigner sur les différentes formules proposées (votre entreprise pourra peut-être prendre à sa charge une partie des frais).

Rejoignez une ligue d'improvisation

Les ligues d'improvisation organisent toutes les semaines des rencontres dans divers lieux, pour tous ceux qui souhaitent surmonter leur peur de parler en public, ou apprendre à mieux maîtriser leur discours. En règle générale, les ligues d'improvisation fonctionnent par groupe de vingt à trente personnes, et la cotisation annuelle est peu élevée.

Inscrivez-vous à un cours de théâtre ou prenez des cours de musique

Cela vous donnera l'occasion de vous produire devant d'autres personnes. Renseignez-vous auprès de la mairie de votre quartier ou de votre ville.

Donnez une conférence sur votre travail dans un collège ou un lycée

Les lycées et les collèges organisent des journées d'orientation permettant aux élèves de découvrir des métiers et des filières professionnelles.

En outre, les enseignants invitent souvent des intervenants à venir parler de leur métier aux élèves. Renseignez-vous auprès des établissements de votre quartier ou de votre région.

<u>Et vous ?</u>

D'autres idées d'exposition vous viennent-elles à l'esprit ? Si oui, notez-les ici :

....

....

....

....

....

....

....

Bavarder et échanger des propos anodins

On peut bavarder n'importe où. La liste ci-dessous vous propose quelques exemples de situations susceptibles de vous offrir l'occasion de pratiquer cet exercice social. Programmez plusieurs expositions par semaine, et efforcez-vous également de pratiquer ce genre de bavardage léger plusieurs fois par jour.

Réunissez des amis

Invitez plusieurs collègues à dîner ou à regarder un film ou un match à la télévision. Ou organisez la soirée d'anniversaire d'une amie ou d'un membre de votre famille. N'oubliez pas d'interagir avec les personnes présentes ! Ne vous inventez pas d'excuses pour y échapper, comme « Je surveille le four » ou « Il faut que je fasse la vaisselle ».

Parlez à des inconnus dans les ascenseurs, les files d'attentes, à l'arrêt d'autobus et dans d'autres lieux publics

Si vous vous entraînez régulièrement, bavarder de tout et de rien deviendra plus facile. Ce sont les expositions longues qui donnent les meilleurs résultats ; efforcez-vous donc de parler à un grand nombre de personnes en une heure ou deux, pour en retirer le maximum. Souriez, dites bonjour et faites appel à votre sens de l'humour. Préparez-vous à essuyer quelques réactions négatives (souvenez-vous : d'autres personnes sont timides ou ne trouvent aucun intérêt à ce type de conversations), mais sachez que la plupart des gens réagiront de manière positive.

Demandez votre chemin ou demandez l'heure à des inconnus

Dirigez-vous vers une inconnue dans une boutique ou un centre commercial, et demandez-lui l'heure, ou votre chemin. Comme nous l'avons déjà évoqué, ce sont les expositions prolongées qui donnent les meilleurs résultats ; essayez donc de répéter plusieurs fois l'exercice en quelques heures, ou jusqu'à ce que votre anxiété décroisse.

Sortez !

Assistez par exemple à la soirée annuelle de votre service, à une réunion d'anciens élèves, à un bal ou à un vernissage dans votre quartier. Ce type de situation vous donnera l'occasion d'avoir des contacts avec d'autres personnes et de bavarder avec elles.

Parlez à vos collègues ou à vos camarades de classe

Essayez d'arriver un peu en avance à l'école ou au bureau pour avoir l'occasion de bavarder avec vos collègues. Obligez-vous à aller leur dire bonjour, ou à papoter avec eux autour de la machine à café. Des questions toutes simples, comme « Tu as passé un bon week-end ? », sont souvent un excellent moyen d'engager une conversation.

Parlez à vos voisins

Faites de petites promenades dans votre quartier et dites bonjour à vos voisins. Si vous avez un nouveau voisin, pourquoi ne pas l'inviter à prendre un café ou un thé ? Par la même occasion, conviez d'autres habitants de votre immeuble.

Parlez aux gens qui promènent leur chien

Les gens qui ont des chiens sont toujours ravis de parler de leur ami à quatre pattes. Si vous possédez vous-même un chien, emmenez-le se promener dans des endroits fréquentés par d'autres amis des bêtes. Faites-leur des compliments ou posez-leur des questions sur leur chien. Si vous retournez régulièrement aux mêmes endroits, il est probable que vous croiserez souvent les mêmes personnes. Qui sait, vous vous ferez peut-être même des amis !

Parlez aux commerçants

Faites par exemple des commentaires sur le temps, demandez un conseil ou des informations (Cette chemise va-t-elle avec ce pantalon ?), ou encore passez une « commande spéciale » pour un livre ou un CD.

Faites des compliments et sachez en recevoir

Faites un compliment à quelqu'un. Dites par exemple à une collègue que vous aimez son chemisier ou sa nouvelle coupe de cheveux, complimentez un artiste sur son travail ou un cuisinier sur la qualité de son plat. Si vous êtes mal à l'aise lorsqu'on vous fait un compliment, contentez-vous de répondre « Merci ». Ne dévalorisez pas le compliment en détaillant à votre interlocuteur toutes les raisons pour lesquelles vous ne le méritez pas.

Exprimez votre opinion

Si vous n'êtes pas d'accord avec votre entourage sur un sujet, dites-le, exprimez votre opinion. Si vous n'avez pas aimé un film que votre collègue de bureau porte aux nues, expliquez-lui vos arguments. Si vous ne partagez pas les opinions politiques de quelqu'un, exposez votre propre point de vue. Ce faisant, veillez à ne pas être agressif et à ne pas dévaloriser l'opinion de l'autre.

Joignez-vous à une conversation

Dans certaines circonstances, il est tout à fait admis de se mêler à une conversation. Dans les soirées par exemple, les gens passent d'un groupe à un autre, participant à différentes conversations. Essayez de vous mêler à un groupe qui parle d'un sujet qui vous intéresse.

Parlez à d'autres parents

Tout comme les propriétaires de chiens aiment bien bavarder avec d'autres propriétaires de chiens, les parents sont toujours ravis de parler de leurs enfants avec d'autres parents. Si vous avez des enfants, impliquez-vous dans des situations susceptibles de vous offrir l'occasion de bavarder avec d'autres parents. Participez par exemple à la réunion des parents d'élèves de l'école de votre fille, ou inscrivez votre fils à un cours de natation ou de dessin. Profitez de toutes les occasions pour engager la conversation avec les parents présents.

Retrouvez deux ou trois amis dans un café

Invitez plusieurs collègues ou amis à vous retrouver après le bureau pour boire un verre. Ou proposez-leur de déjeuner avec vous.

Inscrivez-vous dans un club ou une association

Bowling, gym, volley, scrabble®… Ce ne sont pas les occasions qui manquent ! Préférez un club ou une association qui se réunit régulièrement (une fois par semaine), pour retirer le maximum de votre participation.

Et vous ?

Pensez-vous à d'autres situations qui vous permettraient de vous entraîner à bavarder en société ? Si oui, inscrivez-les ici :

....

....

....

....

....

Affronter les situations conflictuelles

Ces expositions exigent d'être préparées avec le plus grand soin. À la différence des autres situations envisagées dans ce chapitre, votre comportement risque de susciter la colère ou l'impatience de votre interlocuteur. Si vous pensez que l'autre aura du mal à se contrôler, il est peut-être préférable de reporter votre entraînement à une autre occasion. Choisissez des situations présentant un minimum de risques. Le cas échéant, prenez conseil auprès d'un ami. Vous préférerez peut-être aussi vous reporter d'abord au chapitre 5 consacré à la communication affirmative, pour vous préparer à ce type d'interactions. Il est particulièrement important en effet d'aborder les situations conflictuelles avec confiance et non avec agressivité, ce qui ne ferait qu'amplifier la colère de votre interlocuteur.

À première vue, il peut sembler grossier d'agir sciemment et délibérément pour déranger les autres ou les mettre en colère. Mais, au fil de cette section, vous découvrirez que la plupart des exercices que nous vous proposons ont peu de conséquences pour autrui. En outre, il s'agit, pour la plupart, de situations auxquelles les gens sont de toute façon confrontés. Les gains significatifs que vous retirerez de ces expositions compenseront le désagrément que vous causerez à votre interlocuteur.

Nous vous proposons ci-dessous des exemples de situations que d'autres timides et anxieux sociaux ont trouvées utiles pour apprendre à être plus à l'aise dans les contextes conflictuels.

Demandez à quelqu'un de changer de comportement

Demandez par exemple à votre colocataire de laver ses assiettes sales au lieu de les laisser traîner dans l'évier. Au cinéma, demandez à un spectateur d'arrêter de parler.

Ne démarrez pas lorsque le feu passe au vert

Faites semblant d'être en train de chercher une station de radio ou de ne pas avoir vu que le feu était vert. Les conducteurs coincés derrière vous finiront peut-être par s'énerver et par klaxonner. Ce sera alors le moment de passer la première et de démarrer.

Dites « non » lorsque vous ne voulez pas faire quelque chose

Si quelqu'un vous demande de faire quelque chose que vous ne voulez pas faire ou que vous pensez que vous ne devez pas faire (par exemple faire un don si vous n'en avez pas les moyens, accepter plus que votre juste part de travail au bureau, etc.), entraînez-vous à dire « Non » fermement (mais sans agressivité). Une nouvelle fois, nous vous conseillons de vous reporter au chapitre 5 pour des conseils sur la communication affirmative.

Rapportez un article dans un magasin

Trouvez le courage de rapporter un livre, ou un vêtement, dans un magasin. Dans la plupart des cas, le personnel du magasin se fera un plaisir de le reprendre. Si en revanche vous essuyez un refus, cela vous donnera l'occasion de vous familiariser avec cette situation désagréable. Pour vous mettre réellement à l'épreuve, essayez de rendre un article sans le ticket de caisse, sans l'emballage d'origine ou au-delà du délai autorisé. Il est probable que vous n'obtiendrez pas gain de cause, mais vous y trouverez une occasion de gérer un conflit potentiel.

Renvoyez un plat au restaurant

Demandez au serveur de reprendre votre plat – de changer l'assaisonnement de votre salade, de réchauffer votre soupe, de cuire un peu plus la viande –, ou de vous apporter une autre boisson.

Restez plus longtemps que nécessaire à un distributeur de billets lorsque d'autres personnes attendent derrière vous

Au lieu de retirer cent euros, effectuez cinq retraits de vingt euros. Il est probable que quelqu'un ne manquera pas de manifester son impatience. Une nouvelle fois, voici une excellente occasion de gérer une situation de conflit.

Faites semblant d'avoir oublié votre argent au moment de payer dans un magasin

Lorsque votre tour arrive de payer au supermarché, dites à la caissière que vous avez oublié votre porte-monnaie. Ou mettez dans votre caddie plus d'articles que vous ne pouvez en payer. Les autres clients derrière vous commenceront peut-être à maugréer, mais cela vous permettra de vous tester dans une situation génératrice de stress – le jeu en vaut donc la chandelle !

Demandez à un inconnu d'éteindre sa cigarette

Si vous êtes dans un restaurant ou dans un bar, ou même dans un espace public à l'air libre, demandez à la personne à côté de vous d'éteindre sa cigarette. Faites preuve de discernement ! Ne tentez pas l'expérience avec un individu à la mine patibulaire, ou si vous pensez que la personne concernée risque de se mettre en colère.

Et vous ?

Avez-vous en tête d'autres idées de situations assorties d'un risque de conflit sans gravité ? Inscrivez-les ici :

....

....

....

....

....

....

....

Être le centre d'attention

Inscrivez-vous à un cours de gym ou d'aérobic

Au lieu de faire votre gym tout seul, entraînez-vous en présence d'autres personnes. Suivez par exemple des cours d'aérobic et mettez-vous devant. Ou soulevez des poids à côté d'autres personnes plus expérimentées et plus fortes que vous.

Dites quelque chose d'incorrect

Faites délibérément une réponse incorrecte en cours, ou prononcez un mot de travers.

Parlez fort

Parlez fort dans un lieu public (centre commercial, autobus, métro), pour que les autres puissent entendre votre conversation.

Faites sonner votre mobile ou votre pager dans un lieu public

Arrangez-vous pour que quelqu'un vous appelle sur votre téléphone portable pendant que vous êtes chez le dentiste, au restaurant, ou dans la rue. Agissez toutefois avec discernement : évitez ce genre d'exercice pendant un examen, un entretien d'embauche ou si vous êtes au cinéma… Sauf, bien entendu, si votre objectif est de vous entraîner à déranger les autres !

Faites tomber quelque chose

Faites tomber vos clés ou un livre. Ou renversez de l'eau sur votre chemise.

Parlez de vous

Quand vous discutez avec des amis ou des collègues, parlez plus librement de vous-même. Parlez de votre famille, de votre travail et de vos passe-temps. Donnez votre opinion sur des questions politiques, sur les livres que vous venez de lire ou sur les films que vous avez vus.

Jouez

Jouez par exemple au Pictionary®, au Trivial Pursuit® ou à d'autres jeux avec des amis, des collègues, des membres de votre famille.

Mettez votre chemise devant derrière ou à l'envers

Promenez-vous dans un lieu public dans un accoutrement étrange ou décalé. N'hésitez pas à forcer le trait. Par exemple, mettez une chaussure différente à chaque pied. Portez une chemise à carreaux avec une jupe rayée. Mettez votre chemise ou votre robe devant derrière, ou à l'envers (cet exercice sera encore plus profitable si votre robe a des épaulettes), ou promenez-vous en plein après-midi en robe du soir ou en smoking. Avec de l'entraînement, il vous sera de plus en plus égal de ne pas passer inaperçu.

Renversez un étalage dans un magasin

Faites par exemple tomber quelques rouleaux de papier toilette dans un supermarché. Une nouvelle fois, agissez avec discernement : évitez de renverser des bocaux de sauce tomate, ce serait pousser le bouchon un peu loin !

Et vous ?

Avez-vous d'autres idées pour attirer l'attention des gens sur vous ? Si oui, notez-les ici :

....

....

....

....

....

Boire et manger en public

Ce qui motive l'appréhension ou la réticence d'un individu à boire sous le regard d'autrui est la peur d'avoir les mains qui tremblent et de renverser son verre. Ceux qui redoutent de manger en public ont peur de faire des saletés, d'offrir une image peu appétissante d'eux-mêmes ou de devenir tout rouges s'ils consomment quelque chose de chaud.

Pratiquez l'exposition dans des situations qui mettront au défi vos propres angoisses. Si manger des plats compliqués vous paralyse, commandez de préférence ceux-là. Ou si vous redoutez de rougir ou de transpirer, commandez une soupe chaude ou un plat épicé. Nous vous proposons ci-dessous une liste de situations susceptibles de vous fournir des occasions de boire ou manger en présence d'autrui.

Grignotez un en-cas à votre bureau

Si vous travaillez dans des bureaux paysagers, mangez quelque chose à votre bureau. Cela sera peut-être plus facile que de déjeuner avec vos collègues. Lorsque cet exercice sera devenu plus facile, passez à d'autres expositions, comme celles décrites ci-dessous.

Tenez un verre dans votre main dans une soirée ou un cocktail

Si vous appréhendez d'avoir un verre à la main en présence d'autres personnes, essayez de vous prêter au jeu la prochaine fois que vous serez invité à une soirée. Ne dissimulez pas vos mains si elles commencent à trembler. Si l'alcool apaise votre anxiété, évitez de boire trop de vin, de bière ou d'alcool fort, jusqu'à ce que votre anxiété se soit atténuée d'elle-même.

Déjeunez avec vos collègues de bureau

Vous déjeunez sûrement tous les jours. Alors, pourquoi ne pas essayer de le faire en compagnie d'autres personnes si l'occasion se présente ? Si vous déjeunez habituellement d'une salade à votre bureau ou seul au restaurant, proposez plutôt à un collègue de se joindre à vous une ou deux fois par semaine.

Dînez avec un ami au restaurant

Si vous privilégiez d'habitude les bougies et les lumières tamisées, lancez-vous un défi et choisissez un restaurant où l'éclairage est plus fort.

Optez pour une place qui permette aux autres clients du restaurant de vous observer.

Invitez des gens à dîner chez vous

Conviez par exemple deux ou trois amis et voisins à une *pasta party*.

Dînez chez des amis

Après avoir eu des amis ou des collègues à dîner chez vous, il peut être opportun de tenter cette expérience. Dîner chez les autres vous met peut-être mal à l'aise parce que le fait de ne pas pouvoir maîtriser l'environnement (l'éclairage, par exemple), les autres invités et le menu vous inquiète.

Mangez seul au restaurant, dans un centre commercial ou dans tout autre lieu public

Si manger seul dans des lieux publics est une situation qui provoque votre anxiété, déjeuner seul au restaurant est un excellent exercice. Ou pourquoi ne pas manger un sandwich assis sur un banc dans un parc ?

<u>Et vous ?</u>

Comme vous en êtes désormais familier, inscrivez ici d'autres idées d'exposition pour vous aider à surmonter votre peur de manger ou de boire en public :

....

....

....

....

....

Écrire sous le regard d'autrui

Généralement, les individus qui éprouvent de la gêne à écrire sous le regard d'autrui ont peur d'avoir les mains qui se mettent à trembler pendant qu'ils écrivent. Il arrive également qu'ils redoutent le jugement des autres sur leur écriture, ou qu'ils craignent que les personnes présentes ne voient les informations personnelles qu'ils sont en train d'écrire. Si tel est votre cas, voici des situations qui vous donneront l'occasion de saisir votre peur à bras-le-corps.

Payez par chèque

Au lieu d'utiliser de l'argent liquide ou votre carte bleue, réglez vos achats en payant par chèque dans les magasins. Veillez à remplir votre chèque devant la caissière (ne remplissez pas votre chèque à l'avance : ce serait de la triche !). Si vous craignez que la caissière remarque que vous avez les mains qui tremblent, tremblez volontairement. Et même, pour éprouver réellement votre peur, tremblez au point d'être obligé de déchirer votre chèque et d'en rédiger un autre.

Écrivez une lettre assis dans un lieu public

Écrivez une lettre à un ami attablé dans un café, assis dans l'autobus ou installé sur un banc dans un parc. Choisissez un endroit où d'autres personnes peuvent vous regarder pendant que vous écrivez.

Remplissez des formulaires sous le regard d'autres personnes

Remplissez le formulaire de demande d'une nouvelle carte de crédit ou de renouvellement de votre carnet de chèques devant la personne qui est au guichet. Ou remplissez un formulaire d'adhésion à un club vidéo. Au bureau, signez toujours vos documents pendant que des collègues vous observent.

Et vous ?

Inscrivez ici vos trouvailles :

....

....

....

....

....

Passer un entretien d'embauche

Pour être plus à l'aise lorsque vous aurez à passer un entretien d'embauche, les meilleures pratiques d'exposition sont celles qui s'apparentent le plus à un entretien réel. En voici quelques exemples.

Proposez votre candidature dans une association

Nombre d'activités de bénévolat débutent par un processus d'entretien très similaire à celui qui prévaut pour les postes rémunérés. Vous vous sentirez peut-être un peu moins sous pression s'il s'agit d'un poste de bénévole. Si tel est le cas, c'est un excellent point de départ. Un entretien ne vise pas seulement à permettre à l'employeur de vous rencontrer, il a aussi pour objectif de vous permettre d'évaluer le poste. Postuler pour une activité de bénévolat ne vous engage nullement à accepter le poste si on vous le propose. Si vous jugez qu'il ne vous correspond pas, vous êtes libre de décliner la proposition. En répétant cet exercice plusieurs fois, vous vous familiariserez progressivement avec l'ensemble du processus.

Entraînez-vous avec votre famille ou des amis

Demander à un ami de vous faire passer un entretien d'embauche fictif est un autre bon moyen de lancer le processus. Il faudra que vous informiez votre interlocuteur de la nature de l'entretien et du rôle qu'il aura à jouer. À mesure que vous progresserez, il pourra être utile de corser un peu les choses en introduisant des difficultés supplémentaires (par exemple un interlocuteur hostile ou désagréable), pour apprendre à affronter avec plus de sérénité les entretiens difficiles dans la vie réelle.

Postulez à des emplois qui ne vous intéressent pas particulièrement

Une excellente façon de surmonter votre peur des entretiens d'embauche est de vous entraîner en postulant pour des postes que vous n'accepteriez pas même si on vous les proposait. Vous apprendrez par la même occasion à mieux vous comporter dans des situations dans lesquelles vous n'avez rien à perdre. De la sorte, vous serez mieux préparé lorsque le moment viendra de poser votre candidature pour un travail qui vous intéresse.

Postulez à des emplois qui vous intéressent

Si vous cherchez un nouvel emploi, il faudra bien que vous finissiez par être capable d'affronter l'entretien dont dépend votre avenir. Si vous répondez à de nombreuses offres d'emplois, vous serez convoqué à de nombreux entretiens d'embauche. Et plus vous passerez d'entretiens, plus vous aurez d'occasions de vous entraîner et de perfectionner vos compétences interpersonnelles et donc de surmonter votre appréhension. S'il est sans doute plus prudent et plus judicieux de commencer le processus par des entretiens pour des postes qui ne vous intéressent pas, n'hésitez pas, dès que vous vous sentirez un peu plus sûr de vous, à postuler aussi pour des emplois que vous pourriez réellement avoir envie d'accepter.

<u>Et vous ?</u>

Avez-vous d'autres idées pour vous entraîner à surmonter votre peur des entretiens d'embauche ?

Si oui, inscrivez-les ici :

....

....

....

....

....

Être avec d'autres personnes

Chez certains anxieux sociaux, le seul fait d'être en présence d'autres personnes est source de stress, même en l'absence d'interaction ou de contact interpersonnel direct. Si vous êtes mal à l'aise dans les lieux publics, voici quelques exemples d'endroits où vous pourrez pratiquer l'exposition. N'oubliez pas de vous entraîner souvent, et de vous soumettre suffisamment longtemps à l'exposition pour que votre appréhension diminue. Si vous ne pouvez pas faire autrement que de fuir le lieu ou la situation, essayez de vous y replonger le plus rapidement possible.

Allez dans un supermarché ou un centre commercial

Faire des achats et du lèche-vitrines est un excellent moyen de vous exposer à d'autres personnes dans un lieu public. Pour un effet optimal, choisissez les heures où il y a le plus de monde.

Établissez un contact visuel avec des inconnus

Si la situation s'y prête, essayez d'établir le contact visuel avec les gens que vous croisez dans la rue ou qui sont assis en face de vous dans l'autobus ou le métro. Pour des raisons évidentes de sécurité, évitez de vous livrer à ce genre d'expérimentations dans certaines villes ou dans certains quartiers, surtout le soir.

Assistez à un concert ou à un match

Stades, cinémas, salles de spectacles sont autant de lieux où vous êtes assuré de croiser un très grand nombre de personnes. Si vous vous asseyez généralement près de la sortie ou d'une allée (pour pouvoir vous « échapper » plus vite), essayez de vous asseoir au milieu d'une rangée.

Lisez dans un lieu public

Allez vous installer quelques heures avec un livre ou un journal dans un café ou une bibliothèque.

Inscrivez-vous dans un club de gym

Nous vous avons déjà fait cette suggestion dans la section « Être le centre d'attention ». Nous la mentionnons à nouveau parce que les clubs de gym sont des lieux où vous êtes assuré de croiser beaucoup de monde.

Et vous ?

Le cas échéant, notez ici d'autres situations qui vous permettraient de vous entraîner à surmonter votre peur du contact avec les autres :

....

....

....

....

....

S'adresser à des personnes qui incarnent une forme d'autorité

Ici aussi, la méthode consiste à vous obliger à faire quelque chose que vous redoutez, en l'occurrence, parler à des personnes qui vous impressionnent du fait de l'autorité qu'elles incarnent.

Vous trouverez ci-dessous des exemples de pratiques d'exposition efficaces. N'hésitez pas à expérimenter celles qui, le cas échéant, renvoient à des situations dans lesquelles vous voudriez vous sentir plus à l'aise.

Organisez une réunion avec votre chef ou votre professeur

Si vous êtes étudiant, demandez à votre professeur de vous recevoir pour discuter d'un devoir difficile. Si vous êtes dans la vie active, demandez un rendez-vous à votre chef pour parler de vos résultats ou de tout autre sujet d'ordre professionnel.

Posez des questions à un pharmacien au sujet d'un médicament

Si vous suivez un traitement médical ou que vous prenez régulièrement certains médicaments, interrogez votre pharmacien : demandez-lui quels sont les effets secondaires, ou les interactions avec d'autres médicaments par exemple.

Demandez à votre médecin de vous expliquer un problème médical donné

Prenez rendez-vous avec votre médecin traitant pour l'interroger sur d'éventuels symptômes. Ne quittez pas son cabinet tant que vous n'aurez pas des réponses à toutes vos questions.

Prenez rendez-vous avec votre banquier

Demandez à rencontrer votre conseiller de clientèle pour obtenir des renseignements sur une formule de crédit automobile ou immobilier.

Et vous ?

Avez-vous en tête d'autres idées de situations qui vous donneraient l'occasion d'affronter votre peur de vous adresser à des personnes incarnant une certaine autorité ? Si oui, consignez-les ici :

....

....

....

....

....

Affronter ses angoisses les plus terribles

En vous exposant régulièrement à des situations que vous redoutez, vous continuerez à remettre en cause vos croyances et vos anticipations les plus solidement ancrées concernant votre capacité à affronter les interactions sociales et les situations de performance. Dans l'idéal, les exercices d'exposition doivent être conçus pour éprouver la validité de vos anticipations angoissantes. Si vous avez peur de vous ridiculiser au cours d'une conversation dans une soirée, il n'est pas suffisant de vous rendre dans des soirées, bien que cela constitue un premier pas indispensable. Pour réellement mettre votre croyance à l'épreuve de la réalité, il faudra également que vous engagiez la conversation avec d'autres invités. En multipliant les conversations avec autrui, vous découvrirez que ce que vous dites est en général loin d'être stupide.

Une fois que vous aurez acquis une certaine aisance dans le babillage mondain, l'étape suivante consistera à dire délibérément une bêtise ou une ineptie, et à en évaluer les conséquences. Cet exercice vous aidera à tester votre croyance à un niveau encore plus profond. Il est probable que même si vous dites une ânerie au cours d'une soirée, cela ne prêtera pas à conséquences. En pratiquant régulièrement ce genre d'exposition, vous apprendrez non seulement que vous êtes parfaitement capable de participer à une conversation, mais aussi qu'une erreur de temps à autre n'a pas vraiment d'importance.

Les stratégies que nous vous proposons dans cette section sont utiles pour augmenter l'intensité de vos exercices d'exposition, en mettant vos anticipations « Et si... ? » à l'épreuve de la réalité. Au lieu de ruminer à l'infini des questions du genre « Que se passera-t-il si je commets une erreur ? » ou « Que va-t-il m'arriver si j'attire l'attention sur moi ? », nous vous conseillons d'essayer d'apporter des réponses à ces questions, en commettant délibérément une erreur ou en attirant sciemment l'attention sur votre comportement. Notre longue expérience nous incline à croire qu'il ne se passera rien de bien grave.

Commettre sciemment des erreurs (essayer de passer pour un idiot)

Lorsque vous commencerez à vous sentir plus à l'aise dans les situations que vous redoutez, le moment sera venu de commettre sciemment de petites erreurs, ou de faire des choses qui vous font passer pour un idiot ou un hurluberlu. Par exemple : prononcer un mot de travers en parlant à votre chef, poser une question évidente en cours, ou vous cogner dans une porte.

Il est inutile de commettre volontairement des erreurs graves (rater un examen ou foncer dans un pylône avec votre voiture). De petites sottises seront tout aussi efficaces... et sans conséquences importantes.

Attirer volontairement l'attention sur soi

Si être le centre d'attention vous pose un problème, vos exercices d'exposition devront inclure des tentatives pour attirer l'attention des autres sur votre comportement. Au lieu d'arriver en avance ou à l'heure en cours ou au cinéma, obligez-vous à arriver avec quelques minutes de retard pour que tout le monde remarque votre présence. Sur le coup, vous vous sentirez sûrement gêné, mais la situation vous apprendra que tout cela n'a aucune importance, au bout de quelques minutes déjà. Votre embarras sera temporaire. Qui plus est, les autres oublieront sans doute instantanément ou presque que vous êtes arrivé en retard et penseront très vite à autre chose.

Augmenter délibérément ses symptômes d'anxiété

Par-delà la confrontation aux situations que vous redoutez, un test plus exhaustif de vos pensées négatives consiste à provoquer volontairement les symptômes que vous redoutez de voir apparaître en situation sociale ou en situation de performance. Nous reviendrons de manière plus approfondie sur les stratégies correspondantes un peu plus loin. D'ici là, voici quelques exercices d'exposition : humidifiez votre front (pour imiter la transpiration) avant de faire une présentation, faites semblant de perdre le fil de vos réflexions pendant une réunion, et laissez trembler vos mains lorsque vous écrivez ou que vous tenez un verre.

En créant délibérément (c'est-à-dire de manière prévisible et contrôlée) les manifestations physiques de votre anxiété, vous apprendrez à avoir moins peur de l'apparition des dits symptômes en présence d'autrui.

Exprimer des opinions personnelles

Enfin, si vous redoutez d'exprimer des opinions personnelles durant une conversation, vous contenter de participer à des conversations (c'est-à-dire en évitant l'expression d'opinions personnelles) ne suffira pas à tester la validité de vos croyances. La conversation seule ne vous apprendra pas que vos peurs sont infondées. Veillez donc à exprimer vos sentiments ou vos opinions lors de vos exercices d'exposition.

Feuille de suivi des expositions

Description de la situation d'exposition : ....

Date et heure : ....

Niveau de peur initial (0 à 100) : ....

Niveau de peur après (0 à 100) : ....

Durée de l'exposition : ....

À compléter avant la pratique d'exposition	
Quels sont mes émotions et mes sentiments (peur, colère par exemple) relatifs à l'exposition ?	
Quelles pensées, anticipations et suppositions négatives suscite en moi l'exposition ? Selon moi, que va-t-il se produire pendant l'exposition ?	
Qu'est-ce qui me prouve que mes pensées négatives sont fondées ?	
À compléter après l'exposition	
Quel a été le résultat de cette exposition ? Qu'est-il arrivé réellement ?	
Quelles preuves cet exercice m'a-t-il apporté ? Mes pensées et prédictions de départ étaient-elles pertinentes ?	

Niveaux de peur (0 à 100) pendant l'exposition (niveau toutes les x minutes) :

1.   2.   3.   4.   5.   6.   7.   8.   9.   10.
11. 12. 13. 14. 15. 16. 17. 18. 19. 20.
21. 22. 23. 24. 25. 26. 27. 28. 29. 30.

Sur la base de cette expérience, quelle sera votre prochaine exposition ?

....

....

....

....

BIELING P. J. Ph.D et ANTONY M. M. Ph.D. Reproduction autorisée.

Introduction à l'exposition intéroceptive

L'exposition intéroceptive désigne l'utilisation d'exercices destinés à provoquer les sensations physiques qui vous mettent mal à l'aise ou qui vous rendent anxieux. Dans un premier temps, ces exercices sont pratiqués dans des lieux « sans danger », chez vous par exemple. Une fois que vous serez plus familier avec ces exercices, l'étape suivante consistera à vous y livrer dans des situations que vous redoutez, par exemple juste avant d'être confronté à une interaction sociale ou à une situation de performance. Nous vous proposons ci-dessous quelques exercices d'exposition intéroceptive (assortis des sensations qu'ils suscitent généralement). Cette liste, naturellement, n'est pas limitative. Par exemple, si vous avez peur de vous sentir la gorge nouée ou de vous étrangler, porter un col roulé ou une écharpe est un bon moyen de provoquer ces sensations dans le cadre d'une thérapie d'exposition.

Exercices d'exposition intéroceptive et sensations associées

Exercices d'exposition	Sensations les plus courantes
Secouer la tête (30 secondes)	Étourdissements ou vertiges
Tourner dans un fauteuil pivotant (60 secondes)	Étourdissements ou vertiges, nausée, sentiment d'irréalité
En position assise, placer sa tête entre ses jambes pendant 30 secondes et puis se redresser brutalement	Étourdissements ou vertiges
Retenir sa respiration (30 secondes ou le plus longtemps possible)	Souffle coupé ou sensation d'étouffement, accélération du rythme cardiaque, étourdissements ou vertiges, oppression
Hyperventiler : respiration superficielle, à environ 100 ou 120 respirations à la minute (60 secondes)	Souffle coupé ou sensation d'étouffement, accélération du rythme cardiaque, sensation d'étranglement, étourdissements ou vertiges, oppression, tremblements
Respirer par une paille très fine, se boucher le nez si nécessaire (2 minutes)	Souffle coupé ou sensation d'étouffement, accélération du rythme cardiaque, étourdissements ou vertiges, oppression, tremblements ou convulsions
Bander tous ses muscles ou tenir une position de pompes (60 secondes ou le plus longtemps possible)	Tremblements ou convulsions, souffle coupé ou sensation d'étouffement, cœur qui bat plus vite, étourdissements ou vertiges, rougissement
Porter des poids ou des sacs lourds (60 secondes ou le plus longtemps possible)	Tremblements ou convulsions, souffle coupé ou sensation d'étouffement, cœur qui bat plus vite, étourdissements ou vertiges, rougissement

.../...

Exercices d'exposition	Sensations les plus courantes
Courir sur place, ou en montant et descendant des escaliers (60 secondes)	Cœur qui bat plus vite, souffle coupé ou sensation d'étouffement, oppression, transpiration, tremblements ou convulsions, rougissement
Rester dans une pièce chaude et confinée : un sauna, une voiture ou une petite pièce avec le chauffage par exemple (5 à 10 minutes)	Transpiration, souffle coupé ou sensation d'étouffement, bouffées de chaleur, rougissement
Boire une boisson chaude ou porter des vêtements trop chauds	Transpiration, rougissements, bouffées de chaleur

Adapté de ANTONY M. M. et SWINSON R. P., *Phobic Disorders and Panic in Adults : A Guide to Assessment and Treatment*, American Pyschological Association, 2000. Reproduit avec leur aimable autorisation.

Et vous ?

Inscrivez ici d'autres exercices et les manifestations physiques associées :

Exercices d'exposition	Sensations les plus courantes

L'exposition intéroceptive est-elle faite pour vous ?

Bien que l'exposition intéroceptive soit une aide précieuse pour beaucoup d'anxieux sociaux et de timides, elle n'est généralement pas nécessaire pour surmonter le problème. Qui plus est, certains individus n'en retirent aucun bénéfice. Il y a de fortes chances que l'exposition intéroceptive puisse vous aider si vous répondez oui à l'une ou l'autre des affirmations suivantes :

- d'une manière générale, vous avez peur d'éprouver les symptômes d'anxiété tels que la respiration rapide, les étourdissements, les tremblements, le rougissement ou la transpiration ;
- vous avez peur d'éprouver ces symptômes devant autrui.

Si vous redoutez d'éprouver de l'excitation physique, en général ou dans des situations sociales ou de performance, nous vous conseillons d'essayer les exercices ci-dessus. Toutefois, si vous ne redoutez pas les sensations qui accompagnent votre anxiété, ni le fait que les autres puissent éventuellement les remarquer, il n'est pas utile de pratiquer ces exercices. Vous pouvez passer directement au chapitre suivant.

Comment fonctionne l'exposition intéroceptive ?

Tout comme l'exposition situationnelle, l'exposition intéroceptive repose sur l'hypothèse que la peur d'un individu diminuera si on lui prouve que ses croyances, anticipations et suppositions négatives sont infondées. En provoquant délibérément des sensations désagréables de manière contrôlée et prévisible, vous apprendrez que :

- vous pouvez contrôler des sensations qui vous semblent normalement incontrôlables ;

- même si vous éprouvez des sensations physiques visibles en présence d'autrui, les conséquences sont sans gravité.

En apprenant à laisser libre cours à votre anxiété en présence d'autres personnes, vous finirez par être moins préoccupé par vos réactions, et par ce que pensent les gens lorsqu'ils remarquent que vous tremblez, transpirez, rougissez, etc. En conséquent, vous redouterez moins les interactions sociales ou les situations de performance.

Une mise en garde

Si vous êtes en bonne santé, les exercices décrits dans cette section sont absolument sans danger. Toutefois, si vous souffrez de certains problèmes de santé, ils risquent d'aggraver votre état. Par exemple, si vous avez de l'asthme ou si vous êtes enrhumé, il est plus prudent de ne pas pratiquer l'hyperventilation et de ne pas essayer de respirer par une paille. Si vous avez mal au dos ou au cou, nous vous conseillons de ne pas balancer la tête d'un côté à l'autre et de ne pratiquer aucun autre exercice susceptible de nuire à votre santé. Afin d'éviter toute erreur, nous vous recommandons de prendre conseil auprès de votre médecin.

L'exposition intéroceptive en quelques étapes simples

Dans cette section, vous allez découvrir comment utiliser l'exposition intéroceptive pour surmonter votre crainte d'éprouver des sensations d'agitation physique. Le processus comprend quatre étapes :

1. Identifier les exercices les plus efficaces pour provoquer les symptômes d'anxiété.

2. Établir une hiérarchie d'exposition intéroceptive.

3. Pratiquer les exercices d'exposition intéroceptive dans des situations non sociales jusqu'à ce qu'ils ne provoquent plus d'anxiété.

4. Associer exposition intéroceptive et exposition situationnelle (provoquer volontairement des symptômes d'anxiété lorsque vous vous trouvez en situation sociale).

Étape 1 : identifier les bons exercices

Avant de vous lancer dans la pratique régulière de l'exposition intéroceptive, vous devez identifier les exercices les plus efficaces pour vous. Vous pouvez essayer chez vous chaque exercice, être attentif aux symptômes que vous éprouvez, à l'impact des exercices sur votre anxiété et comparer ensuite ce que vous ressentez à l'anxiété que vous éprouvez généralement en situation sociale. Vous pouvez utiliser le tableau ci-après pour noter vos réactions aux exercices que nous vous proposons et à ceux que vous avez vous-même pu identifier.

Et vous ?

Pour chaque exercice :

- consignez les symptômes physiques que vous avez éprouvés ;
- évaluez l'intensité de votre appréhension en utilisant une échelle de 0 à 100 ;
- évaluez la similitude de l'expérience avec les épisodes d'anxiété dont vous êtes coutumier en utilisant une échelle de 0 (pas du tout similaire) à 100 (identique).

122

Exercice	Symptômes	Angoisse ressentie (0 à 100)	Similitude (0 à 100)
Secouer la tête de droite à gauche (30 secondes)			
Tournez dans un fauteuil pivotant (60 secondes)			
En position assise, vous pencher en avant et mettre votre tête entre vos jambes pendant 30 secondes puis vous redresser brutalement			
Retenir votre respiration (30 secondes ou le plus longtemps possible)			
Hyperventiler : respiration superficielle à un rythme de 100 ou 120 respirations à la minute (60 secondes)			
Respirer par une paille très fine, se boucher le nez si nécessaire (2 minutes)			
Bander tous les muscles de votre corps ou tenir une position de pompe (60 secondes ou le plus longtemps possible)			
Porter des poids ou des sacs lourds (60 secondes ou le plus longtemps possible)			

.../...

Exercice	Symptômes	Angoisse ressentie (0 à 100)	Similitude (0 à 100)
Courir sur place ou monter et descendre un escalier en courant (60 secondes)			
Rester dans une pièce chaude et confinée : sauna, voiture ou petite pièce avec un radiateur par exemple (5 à 10 minutes)			
Boire une boisson chaude ou porter des vêtements trop chauds			

Adapté de ANTONY M. M. et SWINSON R. P., *Phobic Disorders and Panic in Adults : A Guide to Assessment and Treatment*, American Pyschological Association, 2000. Reproduit avec leur aimable autorisation.

Étape 2 : créer des hiérarchies d'expositions intéroceptives

Les hiérarchies d'expositions intéroceptives ont pour but de vous aider à choisir des exercices adaptés à votre cas. En règle générale, nous préconisons de créer deux hiérarchies : l'une pour pratiquer vos exercices hors situations sociales (étape 3), l'autre pour pratiquer l'exposition intéroceptive pendant (ou juste avant) des situations sociales ou de performance (étape 4). Comme toujours, nous vous recommandons de concentrer vos efforts sur les situations qui vous posent problème.

Pour créer une hiérarchie d'exposition intéroceptive, commencez par éliminer tous les exercices qui, vous le savez, ne susciteront pas votre anxiété (sur la base des résultats que vous avez obtenus au test d'induction des symptômes ci-dessus). Par exemple, si les sensations provoquées par l'exercice physique (la course à pied) ne vous font absolument pas peur, supprimez cet exercice de votre liste. Ensuite, classez les exercices restants du plus angoissant au moins angoissant. Enregistrez votre niveau de peur attendu pour chaque exercice sur une échelle de 0 (aucune peur) à 100 (peur maximale). Nous vous proposons ci-dessous des exemples de hiérarchies d'exposition intéroceptive pour une pratique hors situation sociale et une pratique en situation sociale. Le cas échéant, complétez ces tableaux par vos propres hiérarchies.

Hiérarchie d'exposition intéroceptive à pratiquer seul chez soi

Exercice	Niveau de peur (0 à 100)
Hyperventiler (1 minute)	60
Respirer par une paille (2 minutes)	45
Tourner dans un fauteuil (1 minute)	35
Agiter la tête de gauche à droite (30 secondes)	30

Hiérarchie d'exposition intéroceptive à pratiquer en situation sociale

Exercice	Niveau de peur (0 à 100)
Porter un sac lourd pendant 30 secondes avant de tenir un verre d'eau devant autrui (pour avoir les mains qui tremblent)	100
Respirer par une paille pendant 2 minutes juste avant de vous mêler aux invités d'un cocktail et de bavarder	80
Porter un chandail chaud pendant que vous faites une présentation	80
Manger de la soupe chaude pour rougir et transpirer dans un dîner	60
Monter et descendre les escaliers en courant pendant que vous êtes à une soirée chez des amis	40
Hyperventiler juste avant de téléphoner	35

Étape 3 : pratiquer seul l'exposition intéroceptive

Si cela ne suscite que modérément votre anxiété, il est inutile de passer trop de temps sur cette étape. Toutefois, si vous avez l'intention de pratiquer certains exercices en situation sociale (étape 4), nous vous conseillons de les tester au préalable deux ou trois fois.

Si certains exercices sont anxiogènes pour vous, même lorsque vous les pratiquez seul chez vous, nous vous conseillons de les répéter plusieurs fois avant de vous lancer dans les situations sociales. Utilisez votre hiérarchie d'expositions intéroceptives à pratiquer seul pour vous aider à choisir vos exercices. Commencez par des exercices qui vous posent quelques difficultés, mais que vous vous sentez capable de mener à bien. Isolez-vous un quart d'heure, deux fois par jour, pour pratiquer l'exercice retenu. Après chaque répétition de l'exercice, faites une courte pause (de 30 secondes à quelques minutes) jusqu'à ce que les symptômes refluent. Répétez l'exercice cinq à six fois, ou jusqu'à ce que votre anxiété régresse. N'oubliez pas de consigner ci-dessous les résultats de chaque séance, et de remettre en question les pensées négatives qui vous seront venues pendant l'exercice.

Chaque fois que vous ferez un exercice, vous continuerez à éprouver les symptômes physiques associés à l'exercice. Toutefois, votre peur des symptômes en question devrait décroître. Si vous pratiquez l'hyperventilation, il est probable que vous continuerez à avoir chaud et à avoir la tête qui tourne chaque fois que vous ferez l'exercice. En revanche, avec le temps, ces manifestations physiques vous sembleront moins angoissantes.

Étape 4 : pratiquer l'exposition intéroceptive en situation sociale

Après avoir pratiqué l'exposition situationnelle et l'exposition intéroceptive hors situation sociale, l'étape suivante consiste à combiner les deux approches. Sachez que c'est l'un des types d'exposition les plus difficiles, mais aussi celui qui vous démontrera avec le plus de force que vos anticipations anxieuses sont exagérées ou infondées. En affrontant les situations sociales et les situations de performance que vous redoutez, et en provoquant volontairement des sensations pour augmenter votre anxiété, vous apprendrez que vous pouvez maîtriser ces situations même lorsque vous vous sentez très mal à l'aise. Pour choisir vos exercices, reportez-vous à votre hiérarchie d'expositions intéroceptives pour des exercices en situation sociale (étape 2).

Et vous ?

Consignez ici vos exercices d'exposition intéroceptive. Pour chaque tentative d'exposition intéroceptive :

- décrivez l'exercice d'exposition et indiquez la date et l'heure ;
- établissez la liste des symptômes que vous avez éprouvés ;
- évaluez le degré d'intensité de votre angoisse sur une échelle de 0 (pas d'angoisse) à 100 (angoisse maximale) ;
- consignez vos anticipations anxieuses concernant l'exercice (par exemple, que risque-t-il de se produire pendant l'exercice ?) ;
- consignez les anticipations alternatives non anxieuses et les preuves qui les étayent (par exemple, riposter).

Essai n°	Symptômes ressentis	Anxiété (0 à 100)	Pensées et anticipations angoissantes	Riposte
1.				
2.				
3.				
4.				
5.				

Adapté de ANTONY M. M. et SWINSON R. P., *Phobic Disorders and Panic in Adults : A Guide to Assessment and Treatment*, American Pyschological Association, 2000. Reproduit avec leur aimable autorisation.

Résolution de problèmes

Si vous pratiquez les expositions telles que nous vous les conseillons dans ce chapitre, votre peur et votre anxiété devraient diminuer. Toutefois, le chemin vers la sérénité est souvent accidenté ! Voici les problèmes que l'on peut rencontrer au cours d'une thérapie d'exposition, ainsi que quelques pistes de solutions.

Je n'arrive pas à trouver le temps de faire mes exercices. Je suis trop occupé.

- Planifiez vos exercices d'exposition comme vos rendez-vous professionnels, vos cours ou toute autre activité. Si vous avez peur de les oublier, programmez votre réveil ou votre téléphone portable pour qu'il sonne à l'heure dite. Si vous avez vraiment beaucoup de travail, vous pouvez peut-être essayer de profiter des activités auxquelles vous ne pouvez pas échapper pour vous entraîner. Par exemple, au lieu de déjeuner seul, prévoyez de déjeuner avec un collègue. Dans tous les cas, dégagez d'une manière ou d'une autre le temps dont vous avez besoin pour pratiquer vos exercices. Prenez quelques jours de congé et consacrez-les à des activités qui vous donnent l'occasion d'affronter les situations que vous craignez.

J'ai trop peur pour faire mes exercices.

- Si un exercice donné est trop difficile, la solution est simple : essayez quelque chose de plus facile. Vous aurez tout le temps de vous consacrer aux exercices plus difficiles par la suite.

Je n'ai pas l'impression que mon anxiété diminue pendant mes exercices.

- Il peut y avoir plusieurs raisons à cela. Tout d'abord, l'anxiété ne diminue pas systématiquement lors de tous les exercices. Répétez le même exercice un autre jour, vous aurez peut-être plus de chance. Dans certains cas, si l'anxiété demeure, cela peut indiquer que :
  - vous ruminez les conséquences négatives qui pourraient survenir ;
  - vous vous reposez sur des comportements de sécurité ;
  - vous vous attaquez à un exercice trop difficile.

Souvenez-vous d'utiliser les stratégies cognitives pour gérer vos pensées négatives. En revanche, efforcez-vous de ne pas avoir recours aux comportements de sécurité ou à d'autres formes d'évitement subtil. Enfin, si une situation donnée vous semble réellement au-dessus de vos forces, essayez un exercice plus facile.

Améliorer ses compétences interpersonnelles

La plupart du temps, les individus qui craignent de faire mauvaise impression ou d'être jugés de manière négative par autrui sont au contraire très bien perçus et se comportent beaucoup mieux qu'ils ne le pensent. Néanmoins, dans certaines situations, les personnes très timides ne se présentent pas toujours sous leur meilleur jour, et ce, pour plusieurs raisons.

Tout d'abord, parce que leur anxiété les a conduites à éviter certaines situations sociales pendant des années, aussi n'ont-elles pas toujours eu l'occasion de maîtriser les compétences sociales dont elles ont besoin pour entretenir des rapports harmonieux avec les autres. Comme l'apprentissage de la conduite, maîtriser l'art des interactions sociales exige de l'entraînement. Par exemple, il est peu probable qu'un individu qui se présente pour son tout premier entretien d'embauche s'y comporte brillamment.

Si l'anxiété sociale est parfois associée à des performances médiocres, cela peut également provenir de l'anxiété elle-même, qui entrave la capacité de l'individu à se comporter aussi bien qu'il le voudrait. Par exemple, si votre cœur bat la chamade pendant une présentation ou un exposé, vous risquez de perdre le fil de vos pensées parce que votre attention sera monopolisée par ce qui se passe dans votre poitrine.

Enfin, les stratégies subtiles d'évitement et les comportements de sécurité que les individus utilisent pour gérer leur anxiété (se tenir à l'écart du groupe, éviter les contacts visuels, parler à voix basse) sont parfois perçus comme des signes de gêne, de réserve, de colère ou de malaise par ceux qui les entourent, entraînant de leur part des réactions différentes de celles qu'ils auraient eues autrement. En d'autres termes, ce que vous faites pour éviter que les autres n'agissent de manière négative vis-à-vis de vous produira bien souvent l'effet inverse, déclenchant la réaction que vous souhaitiez à tout prix empêcher.

Avec une exposition répétée aux situations sociales redoutées et des efforts réguliers pour remettre en question vos pensées négatives, vous vous sentirez progressivement plus à l'aise dans ces situations – et vos performances s'amélioreront. En d'autres termes, pour améliorer vos compétences interpersonnelles et mieux communiquer, il vous suffit de vous entraîner en utilisant les stratégies décrites dans les chapitres 3 et 4.

Il n'en demeure pas moins qu'apprendre à reconnaître les indicateurs d'une communication performante vous aidera à perfectionner vos compétences sociales. Dans ce chapitre, nous allons voir comment éviter d'adopter des comportements anxieux qui augmentent la probabilité que les autres portent un jugement négatif sur vous.

Tout au long de ce chapitre, ne perdez pas de vue que vos compétences sociales ne seront jamais parfaites, aussi bonnes soient-elles. Comme chacun d'entre nous, il vous arrivera toujours de temps à autre de faire un faux pas et de produire une mauvaise impression sur votre interlocuteur. L'important n'est pas que vous soyez parfait dans toutes les situations : c'est impossible. Des comportements sociaux efficaces dans une situation deviennent inopérants dans d'autres, en raison de nombreux facteurs, au nombre desquels les valeurs, les attentes, les conceptions de la vie et l'éducation des personnes avec lesquelles vous interagissez. Par exemple, la façon parfaite de proposer à une collègue d'aller prendre un café après le travail se retournera peut-être complètement contre vous si vous l'utilisez avec votre voisine ou une autre collègue.

L'anxiété sociale peut avoir une influence sur de très nombreux aspects des échanges avec autrui : performance d'un individu pendant un entretien d'embauche, prise de parole devant un groupe, relations avec l'autre sexe, négociation, comportement face au conflit et conversations légères. Dans ce chapitre, nous aborderons plus particulièrement deux domaines : la communication non verbale (langage du corps, contact visuel, etc.) et l'art de la conversation[1].

La communication non verbale

Lorsque nous pensons « communication », nous pensons généralement aux mots que nous utilisons pour transmettre un message à autrui. Pourtant, une part importante de ce que nous communiquons n'est pas véhiculée par des mots mais par l'expression de notre visage, le ton de

---

1. Si vous souhaitez des informations complémentaires sur la façon d'améliorer vos compétences sociales, nous vous recommandons deux excellents ouvrages : McKay M., Davis M., Fanning P., *Messages : The Communications Skills Book* et Bolton R. Ph D, *People Skills*.

notre voix et notre façon de nous tenir. Cela explique en partie pourquoi les e-mails sont si souvent mal interprétés : ils sont en effet dépourvus des indices non verbaux qui nous aident à comprendre les messages d'autrui. Il n'est pas rare qu'une simple plaisanterie soit alors interprétée comme une critique ou une rebuffade. Loués soient les « émoticons » et autres symboles perturbateurs, qui mettent un peu de non verbal dans nos messages, lorsque nous communiquons dans le cyberespace !

Les timides et les anxieux sociaux adoptent souvent des comportements visant à limiter au maximum l'intensité et la durée de leurs interactions avec autrui. En d'autres termes, ils essayent de ne pas communiquer pour ne pas s'exposer à d'éventuels jugements négatifs. Il est impossible, cela va sans dire, de ne pas communiquer. Même si vous refusez systématiquement toutes les soirées, ou si vous n'allez jamais en réunion, vous transmettez en agissant de la sorte un message aux personnes qui s'attendent à vous y rencontrer. Par exemple, vos collègues interpréteront vos absences répétées aux réunions de votre service comme un indice de timidité, de négligence, de paresse ou de surcharge de travail, ou comme le signe que vous n'appréciez pas leur compagnie. Outre l'évitement pur et simple, d'autres comportements non verbaux plus subtils sont souvent associés à l'anxiété sociale, notamment le fait :

- d'éviter les contacts visuels ;

- de sourire exagérément ;

- de ne pas sourire du tout ;

- de parler à voix très basse ;

- de parler très vite ;

- de donner l'impression d'être impatient ou pressé (en faisant les cent pas ou en gigotant par exemple) ;

- de se tenir à l'écart des autres ;

- de croiser les bras ou les jambes.

Dans de nombreux cas, ces comportements non verbaux disent aux autres « Ne vous approchez pas », même lorsque le discours exprime le contraire. En toute logique, les autres tendront à répondre à ces comportements en se montrant plus réservés et moins chaleureux et amicaux. Les comportements alternatifs (regarder votre interlocuteur dans les yeux, vous tenir à une distance « normale » de lui, parler suffisamment fort pour que les autres vous entendent, adopter une attitude plus ouverte, sourire) sont plus susceptibles de susciter une réaction positive de la part de votre entourage.

Et vous ?

Votre comportement non verbal reflète-t-il votre anxiété ? Consignez ici en quoi votre communication non verbale peut entraîner une réaction négative chez autrui :

....

....

....

....

....

....

....

....

....

Puis, au cours de la semaine suivante, essayez de modifier la façon dont vous communiquez non verbalement. Par exemple, essayez de regarder plus souvent vos interlocuteurs dans les yeux et soyez attentif à leurs réactions. Dans les magasins, les vendeurs sont-ils plus amicaux quand vous souriez et que vous établissez davantage le contact visuel, ou lorsque vous évitez de les regarder et leur offrez un visage dénué de toute expression ?

Notez ici les résultats de ces expériences :

Comportement initial	Comportement modifié	Résultats obtenus

L'art de la conversation

Les gens ont souvent beaucoup de mal à trouver des choses à dire lors des mille et une occasions de conversation anodine que nous offre la vie quotidienne, en particulier lorsqu'ils se sentent anxieux ou mal à l'aise. Ils peuvent aussi mettre un terme à la conversation de manière abrupte, ou au contraire essayer à tout prix de la faire durer, alors que le sujet est épuisé depuis longtemps. Chez certains individus, l'anxiété se traduit même par une volubilité excessive – qui risque de faire mauvaise impression sur autrui. Nous examinons ci-dessous les principales difficultés qui peuvent surgir dans le contexte d'une conversation, et nous vous donnons des conseils pour les gérer de manière plus efficace.

Savoir engager la conversation

À première vue, cela semble insurmontable, mais vous verrez qu'avec de l'entraînement, l'exercice n'est pas si terrible. Profitez des occasions lorsqu'elles se présentent, dans les lieux publics (par exemple en attendant chez l'épicier), sur votre lieu de travail et lors de réunions sociales. Si des occasions de vous entraîner ne se présentent pas d'elles-mêmes, provoquez-les en vous entourant d'autres personnes (voir chapitre précédent).

Les conversations démarrent généralement par un commentaire ou un sujet d'ordre général, surtout si vous ne connaissez pas bien l'autre personne. Vous pouvez débuter par une affirmation (« Il fait froid dans cette salle »), une question (« Vous avez eu du monde sur la route ? ») ou un compliment (« Votre chien est adorable »). La palette des sujets possibles est très large : vos passe-temps, quelque chose qui vous est arrivé récemment, le livre que vous êtes en train de lire, l'actualité, le sport. Mieux vous connaissez votre interlocuteur, plus vous pouvez aborder des sujets personnels, comme vos amis ou vos valeurs.

Les timides répugnent souvent à parler d'eux-mêmes. Ils se débrouillent pour orienter la conversation sur leur interlocuteur (en lui posant de nombreuses questions par exemple). La plupart des individus, toutefois, préfèrent les conversations durant lesquelles l'information circule dans les deux sens. Par conséquent, si vous vous surprenez à éviter de parler de vous, obligez-vous à livrer à l'autre des informations plus personnelles. Parlez par exemple de votre week-end, ou donnez votre opinion sur un film. Bien souvent, vos interlocuteurs réagiront de manière positive lorsque vous leur offrirez la possibilité d'en savoir davantage sur vous.

Privilégier les questions ouvertes

Si vous posez des questions à votre interlocuteur, préférez les questions ouvertes aux questions fermées. Une question fermée est une question qui appelle une réponse d'un ou deux mots, comme « Oui », « Non », ou « Bien ». En voici quelques exemples :

• Vous avez passé un bon week-end ?

- Votre salade est bonne ?
- Quelle est votre profession ?

Les questions ouvertes, en revanche, appellent une réponse plus élaborée. De manière générale, elles sont plus propices à une conversation intéressante. En voici quelques exemples :

- Comment avez-vous passé votre week-end ?
- Alors, cette salade ?
- En quoi consiste le travail dans une banque ?

Apprendre à écouter

Améliorer vos compétences sociales n'exige pas seulement que vous vous entraîniez à dialoguer avec les autres, mais aussi que vous appreniez à les écouter – démarche que l'anxiété sociale rend parfois difficile. Des obstacles à l'écoute sont par exemple :

- le fait de penser à ce que vous allez répondre à votre interlocuteur, au lieu d'être attentif au message qu'il essaye de vous transmettre ;
- la pratique de ce que l'on appelle « l'écoute sélective ». Par exemple, le fait de vous focaliser sur les commentaires de votre interlocuteur qui confirment votre crainte qu'il vous trouve ennuyeux (« Je suis très fatigué, il va falloir que j'y aille »), et d'ignorer les éléments plus positifs de son discours (« J'ai vraiment passé un bon moment, j'espère que nous aurons l'occasion de nous revoir »).

Efforcez-vous d'être attentif à la totalité du message de l'autre. Par ailleurs, il est important que vous montriez à votre interlocuteur que vous êtes attentif à ce qu'il vous dit. Le regarder dans les yeux, rebondir sur une de ses remarques avec une question ou lui demander de préciser un point qui vous semble obscur lui indiquera que vous vous intéressez à son discours.

Ne pas s'excuser à tout bout de champ

L'un des traits caractéristiques des anxieux sociaux est de croire que les autres ont une mauvaise opinion d'eux, qu'ils les trouvent peu attirants ou ennuyeux, voire désagréables. Dès lors, les grands timides ont souvent tendance à s'excuser à tout bout de champ. Ils cherchent aussi à être rassurés par les autres, pour avoir la confirmation qu'ils sont appréciés ou qu'ils se comportent comme il faut.

Présenter ses excuses lorsqu'on a commis une erreur est parfaitement normal. De la même manière, chacun d'entre nous a de temps à autre besoin de l'approbation d'autrui. Toutefois, lorsque ces stratégies sont utilisées de manière excessive, elles peuvent avoir une influence négative sur les interactions sociales. Personne ne souhaite s'entendre présenter des excuses dans une situation qui ne le mérite pas. Et, dans une relation amicale ou amoureuse, le besoin permanent d'être rassuré d'un des partenaires sera souvent vécu par l'autre comme un fardeau.

Savoir mettre un terme à une conversation

Lorsqu'ils doivent mettre un terme à une conversation, les anxieux sociaux commettent souvent certaines erreurs. Soit ils l'achèvent trop tôt (pour échapper à la situation), soit ils essayent à tout prix de la faire durer.

Si vous avez tendance à essayer de vous échapper au beau milieu d'une conversation, faites un effort sur vous-même et participez plus longtemps. Avec le temps, il vous sera plus facile et plus naturel de trouver des choses à dire et de supporter les silences embarrassants.

Si vous vous sentez investi de la mission de faire durer la conversation à l'infini, souvenez-vous que même les conversations les plus agréables ont une fin, parce que leur intérêt finit par s'épuiser. Pour nombre d'entre nous, les petites conversations de la vie de tous les jours ne sont amusantes que pendant un bref laps de temps. C'est peut-être la raison pour laquelle on les qualifie souvent de « banalités ». Dans bien des cas, une conversation ne durera que quelques minutes. Les individus utilisent toutes sortes de formules pour mettre fin à une conversation, comme « Je ne vous retiens pas » ou « Je vais me resservir ». Laisser une conversation s'achever ne constitue en aucun cas un échec personnel, cela fait tout simplement partie de son cycle de vie normal.

Et vous ?

La prochaine fois que vous aurez l'occasion d'engager la conversation avec quelqu'un, essayez de rompre avec certains de vos schémas habituels. Par exemple, si vous répugnez à parler de vous, faites l'effort de livrer quelques informations personnelles. Si vous vous sentez responsable d'entretenir l'intérêt d'une conversation, soyez un peu plus silencieux que d'habitude et observez les réactions de votre interlocuteur. Prenez davantage de risques sociaux. S'il vous semble qu'une tactique fonctionne bien, utilisez-la dans d'autres situations.

Consignez ici tous les changements que vous apportez à votre comportement et leurs résultats (c'est-à-dire les réactions des autres).

Comportement initial	Comportement modifié	Réactions des autres

Les entretiens d'embauche

La plupart des individus éprouvent une certaine nervosité lorsqu'ils se retrouvent sur la sellette de l'entretien d'embauche. Sachez que l'absence de signes d'anxiété n'est pas nécessairement positive : votre interlocuteur risque de l'interpréter comme le signe d'une confiance excessive en vous. Mais si vous êtes particulièrement anxieux dans les situations sociales, les entretiens d'embauche seront sans doute encore plus angoissants pour vous qu'ils ne le sont pour le commun des mortels. Dans cette section, vous trouverez des suggestions complémentaires pour vous aider à améliorer vos compétences dans le contexte spécifique de l'entretien d'embauche. Nous vous recommandons de les utiliser avec les techniques cognitives et les techniques d'exposition présentées dans les chapitres 3 et 4.

Être prêt à affronter un entretien d'embauche, c'est savoir : que faire avant l'entretien, comment vous comporter pendant l'entretien et que faire lorsque l'entretien est terminé.

Avant l'entretien

- Réalisez quelques « galops d'essai » en famille ou avec des amis, ou en postulant pour des postes qui ne vous intéressent pas. Comme nous l'avons vu précédemment, cela vous aidera à vous sentir plus à l'aise lorsque vous serez réellement en face d'un employeur potentiel.

- N'accordez pas à l'exercice plus d'importance qu'il n'en a. Après tout, ce n'est jamais qu'un entretien. S'il ne donne pas les résultats escomptés, d'autres opportunités se présenteront. Envisagez l'entretien comme une expérience d'apprentissage, l'occasion d'améliorer vos compétences en la matière.

- Prenez le temps de comprendre la finalité de l'entretien, de savoir qui le conduira, comment il se déroulera et combien de temps il durera.

Essayez d'obtenir le nom de la personne qui vous interviewera et gardez-le dans un coin de votre tête. Si cela n'est pas possible, soyez attentif lorsque votre interlocuteur se présentera, et essayez de l'appeler par son nom en lui disant au revoir.

- Documentez-vous le plus possible sur l'entreprise et sur la personne que vous allez rencontrer. Peut-être la société en question dispose-t-elle d'un site Internet. Si c'est le cas, vous arriverez peut-être même à y dénicher une photo de la personne avec qui vous avez rendez-vous. Au cours de l'entretien, montrez que vous connaissez la société, cela indiquera à votre interlocuteur que le poste vous intéresse réellement.

- Prenez le temps d'identifier vos points forts et de préciser ce que vous pouvez apporter à l'entreprise. C'est une question qui revient souvent. Le cas échéant, notez vos idées sur un carnet que vous emporterez avec vous le jour J.

- Si votre interlocuteur vous demande quels sont vos points faibles ou vos lacunes, inutile de vous lancer dans une description exhaustive de tous vos défauts. Mentionnez plutôt un ou deux points faibles, en les formulant de telle sorte qu'ils ne soient pas perçus comme un handicap ou un problème. Par exemple, mentionnez des « limites » qui pourraient être considérées comme des points forts par le recruteur (« J'ai tendance à trop travailler et je dois m'obliger à lever un peu le pied de temps en temps »). Ou détournez la question en parlant d'anciennes lacunes aujourd'hui maîtrisées (« Quand j'ai débuté dans mon précédent poste, je n'avais presque jamais travaillé sur ordinateur. Mais j'ai beaucoup appris, et l'informatique n'est vraiment plus un problème aujourd'hui »).

- Préparez au moins dix questions à poser éventuellement durant l'entretien. Si vous avez peur de les oublier, notez-les sur une feuille de papier. Envisagez par exemple d'interroger votre interlocuteur sur les responsabilités qui vous seront confiées, les horaires de travail, vos futurs collègues et le déroulement type d'une journée. D'une manière générale, nous vous conseillons de ne pas poser de questions sur la rémunération, les congés et les avantages sociaux avant d'avoir reçu une proposition officielle. Pour certains postes cependant, il sera préférable d'aborder ces sujets dès l'entretien.

- Apportez des photocopies de votre CV et des autres documents qui appuient votre candidature. Votre interlocuteur ne les aura pas nécessairement avec lui et il peut également souhaiter consulter un de ses collègues sur vos compétences pour le poste, ou vous recommander à quelqu'un d'autre dans l'entreprise.

Pendant l'entretien

- N'arrivez en retard sous aucun prétexte. Laissez-vous suffisamment de temps pour vous rendre sur le lieu de l'entretien et présentez-vous avec un peu d'avance.

- Votre apparence est importante. Soignez votre tenue vestimentaire et votre coiffure. Notez aussi qu'une tenue parfaitement adaptée à un entretien le sera beaucoup moins pour un autre. Dans le doute, optez toujours pour un style classique et sobre.

- N'oubliez pas d'utiliser certaines des stratégies présentées plus haut. Soyez attentif aux propos de votre interlocuteur. Surveillez votre communication non verbale, et regardez votre interlocuteur dans les yeux.

- Montrez-vous courtois, poli et délicat. N'oubliez pas de dire « S'il vous plaît » et « Merci ». Ne critiquez pas l'entreprise, le processus d'entretien ou la personne qui est assise en face de vous. Plus généralement, évitez toute remarque par trop négative sur vos anciens employeurs ou sur les postes que vous avez occupés, même si ceux-ci ne vous ont pas apporté satisfaction.

- Montrez-vous flexible, et faites comprendre à votre interlocuteur que vous êtes prêt à consentir à certains compromis. Si les horaires ne vous conviennent pas totalement, indiquez à votre interlocuteur que vous ferez ce que vous pourrez pour vous y adapter. Une fois que l'employeur vous aura fait une offre, vous pourrez les renégocier. Et si malgré tout, vous n'arriviez pas à trouver un terrain d'entente, vous avez toujours la possibilité de décliner l'offre.

- Posez des questions. Un entretien d'embauche a deux objectifs : permettre à l'employeur de savoir qui vous êtes et vous donner la possibilité de décider si vous souhaitez travailler pour l'entreprise en question. Veillez donc à poser des questions durant l'entretien. Non seulement cela vous permettra d'en savoir davantage sur le poste, mais vous indiquerez également à votre interlocuteur que votre candidature est sérieuse.

- En règle générale, soyez vous-même et répondez honnêtement aux questions. Cependant, évitez de livrer trop d'informations personnelles superflues. Si votre interlocuteur vous demande si vous vous sentez nerveux, il n'est pas gênant de lui répondre que vous êtes un peu angoissé. En revanche, il est inutile de lui donner des détails sur d'éventuels problèmes d'ordre privé ou des difficultés personnelles, comme des attaques de paniques fréquentes, une dépression ou des problèmes conjugaux.

Après l'entretien

- Demandez à votre interlocuteur quelle est la prochaine étape. Si l'entreprise doit rencontrer d'autres candidats, quand serez-vous informé de sa décision ? Les finalistes seront-ils convoqués pour d'autres entretiens ?

- Écrivez ensuite à la personne que vous avez rencontrée pour la remercier de vous avoir consacré du temps.

• Prenez le temps de faire le point sur la façon dont s'est déroulé l'entretien : quels sont les points positifs ? Qu'auriez-vous préféré dire ou faire différemment ? Ces informations vous seront utiles pour préparer votre prochaine série d'entretiens si vous n'êtes pas retenu pour le poste.

Communication et affirmation de soi

Dans cette section, vous allez vous familiariser avec trois types de comportements relationnels, trois façons de communiquer avec autrui : le comportement passif (ou inhibé), le comportement agressif et le comportement affirmé. Si les deux premiers types de comportements ne parviennent généralement pas à véhiculer le message souhaité, la communication affirmative donne souvent des résultats positifs. Vous allez apprendre à comprendre les différences entre ces trois types de communication, et découvrir un certain nombre de méthodes pour vous aider à adopter un comportement relationnel affirmé.

Le comportement passif

Généralement, la timidité et l'anxiété sociale sont associées à un comportement relationnel inhibé. L'individu exprime ses besoins de manière indirecte, souvent à voix basse et parfois aussi avec des pauses et des hésitations fréquentes. Il fait passer les désirs, les besoins et les souhaits d'autrui avant les siens propres. Ce style de communication va souvent de pair avec un désir très fort d'éviter tout risque d'offenser ou de déranger l'autre. Toutefois, parce que vous ne communiquez pas votre message directement, rien n'assure qu'il sera reçu par votre interlocuteur. Le comportement relationnel inhibé ferme les canaux de communication, ce qui sera source de bien des déceptions dans vos relations avec autrui. Ce ressentiment risque même de vous amener à faire preuve par la suite d'agressivité dans votre façon de communiquer.

« Il faudrait qu'on se revoie, à l'occasion » est par exemple une façon passive de proposer à votre interlocuteur d'aller plus loin dans votre relation.

Le comportement agressif

Dans ce cas de figure, vous exprimez vos sentiments, vos besoins ou vos désirs aux dépens des sentiments, des besoins et des désirs de l'autre. Ce style de communication est souvent critique et accusateur, dans son contenu comme dans sa forme. Tout comme la communication passive, ce style de réponse ferme les canaux de communication : votre interlocuteur se sent blessé, éprouve de la colère, de la rancœur et vous en veut.

« Si tu t'intéressais un peu à moi et que tu étais moins préoccupé par ta petite personne, tu m'inviterais à dîner plus souvent » est une façon agressive de dire à quelqu'un qu'on a envie de le voir plus fréquemment.

Le comportement affirmé

On croit souvent, à tort, que l'agressivité et la passivité sont les deux seuls modes de communication possibles. Il existe pourtant une troisième voie. À la différence des styles précédents, le comportement relationnel affirmé prend en compte les sentiments, les besoins et les désirs de l'individu, ainsi que ceux de l'interlocuteur. La communication dite « affirmative » présente nombre de traits de ce que l'on considère comme un « bon » comportement relationnel : franchise, clarté du discours et proximité.

« Tu veux venir au cinéma avec moi ce week-end ? » est une façon affirmative de dire à quelqu'un qu'on a envie de le revoir.

En outre, ce style de communication s'accompagne d'une écoute active de la perspective de l'autre (écouter et comprendre le point de vue de l'autre, valider ses sentiments, lui demander de préciser un point, etc.).

Bien que la communication affirmative ne suffise pas à garantir que vous parviendrez à vos fins, de tous les styles, c'est celui qui garde les canaux de communication ouverts et vous donne le plus de chances de parvenir à une résolution mutuelle satisfaisante.

Gérer les situations conflictuelles

Si votre objectif est de convaincre quelqu'un de changer de comportement, une bonne façon d'y parvenir est de veiller à ce que votre message ne soit ni passif ni agressif. Essayez de dire à l'autre ce que vous avez à lui dire avec objectivité, franchise et empathie.

Commencez par décrire les observations que vous inspire la situation. Vos observations doivent refléter votre façon d'envisager les faits et non votre interprétation des faits. Elles doivent se fonder sur la réalité, ce qui les rend généralement assez difficiles à contredire ou à remettre en cause. Par exemple, « Tu es rentré trop tard hier » n'est pas une observation, parce que la notion de « trop tard » est sujette à interprétation. En revanche, « Tu es rentré une heure plus tard que tu l'avais dit » est une observation (à supposer naturellement qu'elle soit vraie) qui, par conséquent, risque moins de susciter une réponse défensive de la part de votre interlocuteur.

L'étape suivante consiste à décrire les sentiments que la situation suscite en vous. Les sentiments sont des émotions comme la colère, l'anxiété, l'inquiétude ou encore la tristesse ; ce ne sont pas des pensées. Par exemple, « Tu ne devrais pas rentrer en retard » ne signale aucune émotion, à la différence de « Ton retard m'a vraiment inquiétée et peinée ». Il est très difficile de contredire l'expression d'émotions. Vous seul savez ce que vous éprouvez réellement.

Enfin, il est important d'indiquer à l'autre en quoi vous souhaitez que les choses changent. Pour poursuivre avec le même exemple, vous direz par exemple : « Je voudrais que tu me téléphones pour me prévenir si tu as plus de trente minutes de retard ».

Ayant ainsi exprimé clairement votre message, vous devez à présent laisser à l'autre la possibilité d'exprimer à son tour son point de vue sur la situation. C'est le moment où jamais d'utiliser les compétences d'écoute active dont il a été question plus haut !

Il existe un certain nombre d'autres stratégies qui pourront vous être utiles pour affronter les situations conflictuelles :

- Veillez à choisir un moment opportun pour discuter de la situation. Ne remettez pas sans cesse la discussion à plus tard… mais ne vous lancez pas non plus lorsque vous êtes en colère. Veillez également à ne pas insister pour aborder le problème lorsque l'autre personne est occupée ou ne semble pas disposée à le faire.

- Analysez les croyances qui alimentent votre anxiété, votre colère ou le sentiment d'avoir été blessé. Comme nous l'avons vu dans le chapitre 1, vos sentiments sont influencés par vos croyances, et il peut arriver que vos croyances soient excessives ou irréalistes. En d'autres termes, le problème n'est peut-être pas aussi important que vous le pensez. Lorsque vous abordez le sujet avec l'autre, efforcez-vous de conserver votre calme en adoptant une vue réaliste des choses.

- Avant d'affronter le « problème », vérifiez qu'il le mérite. Est-il réellement important ? Se résoudra-t-il de lui-même si vous n'en parlez pas ? Par exemple, si votre voisin ombrageux déménage la semaine prochaine, il n'est peut-être pas indispensable de vous plaindre de la façon dont il entretient la pelouse.

- Livrez vos sentiments à une tierce personne. Entendre le point de vue de quelqu'un d'autre sur le problème peut vous aider à voir les choses différemment. Cet avis extérieur vous sera particulièrement utile pour savoir si vos attentes sont faussées.

- Essayez de comprendre le point de vue de l'autre. Tout comme vous, il ne fait rien d'autre qu'essayer de survivre du mieux qu'il peut. L'hostilité et la colère sont souvent provoquées par le sentiment d'une menace ou d'une agression perçues. Si vous développez une compréhension empathique du point de vue et des croyances de l'autre, vous aurez beaucoup plus de chances de trouver un compromis et de résoudre le conflit, en particulier si votre interlocuteur perçoit que vous essayez réellement de le comprendre.

- Vous pouvez aussi écrire une lettre à l'autre. Il est parfois plus facile de communiquer ses pensées et ses sentiments par écrit. Toutefois, même dans une lettre, évitez l'agressivité et la passivité, et privilégiez la communication affirmative.

La peur d'être rejeté **6**

Nous craignons tous d'être rejeté par autrui, ce qui est sans doute une bonne chose tant que ce sentiment se cantonne dans des limites normales. Faire en sorte que les autres nous apprécient nous évite d'avoir à subir les conséquences négatives qui accompagnent le rejet. Les individus indifférents à l'opinion d'autrui véhiculent souvent une forme d'arrogance, et sont enclins à se « reposer sur leurs lauriers », tant dans leur vie professionnelle que dans leurs relations avec autrui. La peur d'être mal jugé peut en effet constituer une puissante motivation à bien faire. Dans une certaine mesure, la peur d'être rejeté par les autres renforce notre volonté de produire une impression favorable.

Le rejet est monnaie courante dans les interactions sociales. Qui n'a un jour ou l'autre été éconduit par une charmante personne, ignoré par telle autre ou poliment remercié à la suite d'un entretien d'embauche ? Si tout semble sourire à certains, ce n'est pas le cas pour la majorité d'entre nous.

Les grands timides et les grands anxieux sociaux sont souvent plus sensibles au rejet (ainsi qu'à la menace du rejet) que la majorité des individus. Leur réaction au rejet se traduit par des niveaux accrus d'anxiété, de dépression ou de colère. Dans ce chapitre, nous allons voir comment apprendre à affronter plus sereinement la crainte d'être rejeté et le rejet lui-même.

Nous attirons votre attention sur le fait que les stratégies décrites ici s'appuient sur celles qui ont été vues dans les chapitres précédents (3, 4 et 5 en particulier). Il est donc indispensable que vous les ayez lus au préalable. L'objectif de ce chapitre est de vous fournir des outils complémentaires pour mieux surmonter la peur du rejet.

La signification du rejet

Si le rejet est aussi difficile à accepter par un grand nombre d'individus, c'est parce qu'il est souvent interprété par l'individu lui-même comme un signe de faiblesse, d'échec ou d'inadaptation. Voici quelques exemples de croyances qui sous-tendent la peur d'être rejeté :

- Si quelqu'un ne m'aime pas ou n'a pas envie de sympathiser avec moi, c'est parce que quelque chose ne va pas en moi.

- Si les gens n'ont pas envie de passer du temps avec moi, cela signifie qu'ils ne m'aiment pas.

- Si quelqu'un s'ennuie quand je parle, cela signifie que je suis une personne ennuyeuse.

- Si je lui demande de sortir avec moi et qu'il me répond non, personne ne voudra jamais sortir avec moi.

- Si ma candidature est refusée pour ce poste, mes amis auront moins d'estime pour moi.

En réalité, les raisons de dire « Non » à quelqu'un sont innombrables. Prenons la deuxième affirmation de la liste ci-dessus : « Si les gens ne veulent pas passer de temps avec moi, c'est parce qu'ils ne m'aiment pas ». Il existe de nombreuses raisons pour lesquelles une personne peut ne pas avoir envie de passer un moment avec vous, qui n'ont rien à voir avec le fait qu'elle vous apprécie ou non, et que vous soyez quelqu'un de sympathique ou pas :

- elle est peut-être trop occupée pour vous consacrer du temps (à cause de son travail, de sa famille ou de problèmes personnels) ;

- elle est un peu introvertie et voit peu de gens en dehors de ses amis proches ;

- elle a suffisamment d'amis et ne souhaite pas se faire de nouvelles relations ;

- elle a l'impression que vous avez peu de points communs avec elle (« Qui se ressemble s'assemble » : le dicton a toujours cours !) ;

- elle ne sait pas que vous avez envie de passer du temps avec elle.

Vous remarquerez que ces facteurs tiennent davantage à cette personne qu'à vous-même. Ce n'est pas parce qu'un individu donné semble ne pas s'intéresser à vous que personne ne s'intéressera jamais à vous.

En revanche, comment réagir si quelqu'un ne vous aime pas ? Nous avons vu dans le chapitre 3 qu'il était impossible que tout le monde vous apprécie. Ce qui vous rend intéressant ou attirant aux yeux des uns sera précisément ce qui vous rendra moins sympathique aux yeux des autres, parce que nous apprécions tous des qualités différentes chez autrui. Constater que notre intérêt ou notre sympathie pour une personne (un ami potentiel par exemple) n'est pas réciproque est souvent douloureux. Mais au nom de quoi n'importe qui aurait-il envie de passer du temps avec nous ? L'essentiel ici est de vous souvenir qu'être rejeté, par telle ou telle personne ou dans une situation donnée, ne présage en rien de ce qui se passera avec un autre individu et dans une autre situation. De la même manière, vous n'avez aucune raison de tirer d'un rejet des conclusions sur vous-même : ce n'est pas parce qu'une personne ne vous apprécie pas que vous êtes inintéressant ou antipathique. Il nous arrive à tous, et même aux plus charmants d'entre nous, d'essuyer un rejet de temps à autre.

Et vous ?

Remémorez-vous la dernière fois où vous avez été rejeté par quelqu'un : refus de votre invitation à sortir, commentaire négatif ou expression de profond ennui. Consignez les interprétations négatives qui vous ont conduit à avoir le sentiment d'être rejeté :

....

....

....

....

....

Ensuite, notez le plus grand nombre possible d'explications alternatives à l'attitude de la personne :

....

....

....

....

....

Comment un individu moins sensible au rejet aurait-il interprété l'expérience s'il l'avait vécue ?

....

....

....

....

....

Faire baisser la pression

Lorsque le coût perçu du rejet est très élevé, il aveugle l'individu et l'empêche d'agir. Une personne qui a peur d'essuyer un refus si elle postule pour un emploi mettra souvent des mois avant de trouver le courage de poser sa candidature. Elle passera par de terribles moments d'anxiété en attendant de savoir si elle a été retenue pour un entretien ou non, et sera anéantie si elle n'obtient pas le poste.

Malheureusement, accorder autant d'importance au résultat d'une interaction ou d'une situation sociale donnée conduit le plus souvent à l'échec et à la déception. Pire, les autres risquent de percevoir votre angoisse, ce qui a souvent pour effet d'augmenter la probabilité d'échec ou de rejet (personne n'aime se sentir forcé de recruter quelqu'un, ni obligé d'accepter un rendez-vous ou de passer du temps avec une personne).

Il est bien plus bénéfique de se focaliser sur le processus de nos interactions sociales que sur leur résultat. Profitez pleinement de vos contacts avec autrui, mais sachez aussi que les choses ne se dérouleront pas toujours comme vous le souhaiteriez. Lorsque vous osez prendre des risques (par exemple inviter un collègue à déjeuner, engager la conversation avec une inconnue dans une soirée, ou demander à une jeune femme de sortir avec vous), dites-vous que vous essuierez parfois des refus, et soyez prêt à passer à autre chose si cela vous arrive. Dans tous les cas, l'expérience vous apprendra toujours quelque chose – par exemple ce que vous ne devez pas faire la prochaine fois que vous vous retrouverez dans une situation similaire.

Prendre plus de risques

Plus vous prendrez de risques en situation sociale, plus vous connaîtrez de rejets. Et c'est vraisemblablement parce que vous en avez conscience que vous n'êtes pas plus aventureux ! Si vous redoutez les rendez-vous galants, si vous avez tendance à éviter de demander à des amis de passer du temps avec vous, de postuler pour des emplois ou simplement de demander votre chemin à un inconnu dans la rue, il est très probable que ces comportements répondent à une seule et même explication : vous avez peur d'être jugé par autrui.

Dès lors, vous vous dites peut-être que vous devez vous protéger du rejet en l'évitant à tout prix. En réalité, c'est l'inverse. Il est important que vous vous immunisiez contre les effets du rejet, en vous mettant de temps à autre en situation d'essuyer un refus ou une brimade. Lorsqu'on vaccine les gens contre une maladie, on leur inocule en fait une petite quantité du microbe responsable de la maladie. Ceci permet à l'organisme de produire les anticorps nécessaires pour combattre la maladie s'il y est exposé. De la même manière, l'exposition à des niveaux normaux de rejet, de manière programmée et contrôlée, peut vous aider à mieux gérer les effets du rejet lorsque celui-ci se produira.

Le rejet est une des conséquences naturelles de nos rapports avec autrui. Comme nous l'avons vu plus haut, vous mettre socialement en danger plus souvent vous expose à connaître davantage de déconvenues... mais aussi davantage de succès.

Admettons, pour les besoins de la démonstration, que la probabilité statistique qu'une personne accepte votre invitation à dîner soit de une sur trois, et que la probabilité qu'un rendez-vous donné en entraîne un second soit également de une sur trois. Si vous ne demandez jamais à quelqu'un de sortir avec vous, vous risquez de ne jamais avoir l'occasion de nouer de relation amoureuse. Si vous vous hasardez à le faire une fois par an, vous aurez l'occasion de sortir avec quelqu'un tous les trois ans, et, tous les neuf ans, vous aurez l'opportunité de sortir avec la même personne plus d'une fois. Par contre, si vous demandez tous les jours à une personne différente de sortir dîner avec vous, vous avez des chances qu'une personne accepte votre invitation un jour sur trois, et tous les neuf jours, vous sortirez dîner avec quelqu'un qui a envie de passer plus d'une soirée avec vous. Avant longtemps, vos soirées seront toutes réservées… et vous ne saurez plus où donner de la tête ! L'idée est la suivante : en prenant le risque d'essuyer un refus, vous connaîtrez des succès et des rejets plus fréquents.

Comment vous préparer à voir votre audace « sanctionnée » par un refus ? Tout d'abord, acceptez l'idée que certaines personnes vous rejetteront. De la sorte, vous ne serez pas surpris lorsque cela se produira, et vous surmonterez plus facilement la situation. Ensuite, analysez à l'avance toutes les raisons pour lesquelles une personne pourrait ne pas accepter votre invitation à dîner (explications positives, négatives et neutres), afin de ne pas aborder la situation en ne pensant qu'aux interprétations les plus négatives. Enfin, posez-vous la question suivante : « D'accord, elle va me dire non. Et après ? » Au lieu de vous faire une montagne de la chose, essayez d'imaginer comment vous allez assumer et surmonter ce revers et, le cas échéant, agir différemment la prochaine fois.

Et vous ?

Au cours de la semaine qui vient, programmez une prise de risque social. Par exemple : postuler pour un emploi, inviter des gens à une fête, demander à un collègue de déjeuner avec vous, soumettre un article à un magazine, prendre des cours de dessin ou toute autre situation dans laquelle vous craignez d'être jugé par autrui.

Consignez ce qui risque de se produire si vous affrontez la situation, et réfléchissez à la façon dont vous gérerez les résultats possibles.

Prise de risque social	Que risque-t-il de se produire ?	Comment gérer ces résultats possibles ?

Êtes-vous en partie responsable ?

Jusqu'à présent, nous sommes partis de l'idée que si vous persévérez, si vous prenez régulièrement des risques, et si vous apprenez à arrêter le cercle vicieux de pensées négatives qui s'enclenche souvent lorsque vous subissez un rejet, il vous sera progressivement moins difficile d'essuyer des refus ou des échecs dans vos interactions sociales. Dans de nombreux cas, c'est vrai. Cependant, vous pouvez peut-être aussi agir en amont pour limiter les risques d'être rejeté. Dans le chapitre 5, nous avons vu comment améliorer votre comportement relationnel et, par conséquent, la façon dont les autres vous perçoivent.

Si vous avez l'impression d'être systématiquement en butte à des rejets et des refus, il est temps de vous demander pourquoi. La malchance est peut-être seule responsable, mais il se peut aussi qu'il existe une raison précise à ces rejets à répétition. Vous devez donc essayer de déterminer s'ils tiennent à la situation en tant que telle ou à certains de vos comportements et attitudes.

Voici des exemples de comportements susceptibles de créer une impression négative chez les autres :

- des traits de personnalité extrêmes : faire preuve d'une rigidité ou d'une décontraction excessive, trop vous livrer, ne faire que des commentaires négatifs, etc. ;
- des excès au niveau de l'apparence : s'habiller de manière trop formelle ou au contraire trop décontractée pour la situation ;
- des comportements d'anxiété : éviter les contacts visuels, se tenir à l'écart, parler trop doucement, ne pas tenir en place, adopter des comportements d'évitement ;
- des styles de communication extrêmes : parler trop (par exemple donner trop de détails), ne pas parler assez, ergoter, se montrer méprisant.

Il suffira parfois d'agir sur ces éléments pour que vos interactions sociales soient plus satisfaisantes.

Il est également possible que les expériences malheureuses à répétition soient liées à des facteurs qui tiennent davantage à la situation qu'à la personne qui subit le rejet. En période de crise économique, beaucoup d'individus ont du mal à trouver du travail. Après l'éclatement de la bulle Internet en 2000, des dizaines de milliers de personnes travaillant dans le secteur des technologies de l'information ont perdu leur emploi du jour au lendemain ou presque, et beaucoup ont eu du mal à retrouver du travail dans leur domaine de compétences. Malheureusement, dès lors que le rejet tient à des facteurs qui échappent à votre contrôle, il n'y a pas grand-chose que vous puissiez faire pour l'éviter.

Enfin, le problème peut résulter d'une interaction entre le comportement de la personne et son environnement. Il arrive en particulier que certains individus soient enclins à rechercher des interactions sociales porteuses de risques de rejet. C'est le cas si vous essayez d'engager une relation avec des personnes très négatives, si vous postulez pour un emploi pour lequel vous n'êtes pas qualifié, ou encore si vous recherchez l'amitié de quelqu'un qui n'a pas envie de se faire de nouveaux amis. Pour qu'une relation fonctionne, il faut que les individus en présence soient « sur la même longueur d'onde » et, surtout, qu'ils aient envie de cette relation. Comme le dit le dicton : « On ne fait pas boire un âne qui n'a pas soif ».

A contrario, il est souvent très facile de nouer une interaction positive lorsque les bonnes conditions sont réunies. Soyez donc sélectif dans les amitiés que vous recherchez !

Faire des rencontres

Vous en savez désormais un peu plus sur la façon de changer vos pensées anxiogènes, d'affronter les situations que vous redoutez et d'améliorer vos compétences sociales. Nous allons à présent nous intéresser à un autre point très important : l'élargissement de votre cercle de relations. Comme vous ne l'ignorez sans doute pas, les individus très timides et les grands anxieux sociaux ont souvent du mal à se faire de nouvelles connaissances et de nouveaux amis.

Des lieux et modes de rencontres

Au début des années quatre-vingt-dix, des chercheurs ont interrogé plus de trois mille Américains sur la façon dont ils avaient fait la connaissance de leur conjoint et le lieu où ils s'étaient rencontrés.[1] Le sondage portait sur les couples, mais les résultats sont tout aussi intéressants pour les personnes qui souhaitent développer d'autres types de relations : se faire de nouveaux amis, ou nouer les contacts nécessaires pour trouver un nouvel emploi par exemple.

Parmi les couples mariés interrogés dans le cadre de l'enquête, le moyen de rencontre le plus fréquent était d'avoir été présentés l'un à l'autre par un ami commun (35 % des personnes interrogées ont rencontré leur conjoint de cette manière). Au deuxième rang venait le fait d'avoir fait le premier pas (32 %), puis d'avoir été présentés par un membre de la famille (15 %), un collègue de travail (6 %) ou un camarade de classe (6 %).

Le sondage portait également sur les lieux où les personnes s'étaient rencontrées. 38 % des personnes interrogées ont indiqué avoir fait la connaissance de leur futur conjoint sur leur lieu de travail ou à l'université. Parmi les autres lieux couramment cités : les soirées (10 %), un lieu de culte – une église par exemple (8 %) –, une boîte de nuit (8 %), et un club de gym ou une association (4 %). Lorsque les résultats du sondage ont été publiés (bien avant que la plupart d'entre nous aient jamais entendu parler d'Internet), moins de 1 % des personnes interrogées ont déclaré avoir rencontré leur conjoint *via* des petites annonces. Mais dix ans ont passé, et les rencontres sur Internet n'ont cessé de gagner du terrain. Si le sondage devait être conduit aujourd'hui, il est probable qu'Internet arriverait en bonne position. Nous reviendrons sur ce point au cours de ce chapitre.

Pour les couples non mariés (couples vivant ensemble, couples formés depuis longtemps et couples plus récents), les lieux et les modes de rencontres étaient identiques à ceux des couples mariés.[2] Quelques diffé-

---

1. LAUMAN E. O. *et al.*, *The Social Organization of Sexuality: Sexual Practices in the United States*.
2. Ibid.

rences mineures, toutefois, ont émergé. Par exemple, le taux de rencontres dans une boîte de nuit ou dans une soirée était plus élevé chez les couples « récents » que chez les couples mariés, les couples formés depuis longtemps étant plus nombreux à s'être rencontrés autrement.

Où faire des rencontres ?

Pour vous faire de nouveaux amis et tisser de nouveaux liens, vous devez être ouvert aux rencontres lorsque celles-ci se présentent, mais il vous appartient également de créer ces occasions. Les situations sociales présentant des opportunités de contacts répétés (votre vie professionnelle par exemple) sont plus propices au développement d'une amitié ou d'une relation que les contextes où les contacts sont plus éphémères (café ou boîte de nuit). Les anxieux sociaux ont souvent du mal – et pour cause ! – à profiter des opportunités d'interactions lorsque celles-ci se présentent. Par conséquent, il est important que vous continuiez à utiliser les techniques que nous vous avons présentées tout au long de ce livre, et notamment les stratégies visant à vous aider à assumer d'éventuelles interactions négatives (voir chapitre 6), et que vous fassiez l'effort de rencontrer de nouvelles personnes. Comme nous allons le voir à présent, ce ne sont ni les occasions ni les lieux qui manquent !

Sur son lieu de travail

Près d'une personne mariée sur six a rencontré son conjoint sur son lieu de travail.[1] Des milliers de gens se font des amis dans l'entreprise où ils travaillent, ou dans le cadre de leur vie professionnelle. Les relations

---

1. Lauman E. O. *op. cit.*

entre collègues de bureau commencent souvent par de petits échanges, un « bonjour » devant la photocopieuse ou dans l'ascenseur. Et puis on en vient à aborder des sujets plus personnels (famille, loisirs…), jusqu'à découvrir qu'on partage les mêmes centres d'intérêt ou qu'on a vécu des événements similaires. On commence à déjeuner ensemble ou à se voir en dehors des heures de bureau, et au fil du temps, c'est une nouvelle amitié qui naît.

En faisant du bénévolat, dans la vie associative

Sur le plan relationnel, l'implication dans la vie associative est assortie, à peu de choses près, des mêmes bénéfices qu'un environnement professionnel classique. Le bénévolat offre d'innombrables opportunités d'activités, parmi lesquelles il serait étonnant que vous ne trouviez pas votre bonheur : établissements scolaires, hôpitaux, organisations caritatives, mais aussi activités artistiques et monde du spectacle (peindre des décors de théâtre, réaliser des costumes, participer à l'organisation d'expositions, etc.). Si vous faites partie d'une association professionnelle, proposer de devenir membre d'un comité ou de participer à un projet vous donnera aussi l'occasion de faire des rencontres.

À l'université

Pour les étudiants, la vie sur le campus est une source presque inépuisable de nouvelles rencontres. Même si vous n'êtes pas étudiant à temps plein, vous inscrire à un cours sur un sujet qui vous intéresse est un excellent moyen de développer votre réseau de relations. Tout comme le milieu professionnel, le milieu universitaire vous offre l'occasion d'avoir des contacts répétés avec les mêmes personnes sur une longue période. Qui plus est, il y a toutes les chances que vous rencontriez des personnes qui partagent les mêmes intérêts que vous : une passion pour la cuisine, le dessin ou la course à pied. Bien entendu, vous pouvez aussi assister pendant une année entière à un cours sur l'histoire des religions sans avoir le moindre contact avec quiconque. Pour éviter ce genre de déconvenues, vous devrez utiliser les compétences que vous avez apprises tout au long de ce livre, et oser sortir de votre coquille.

En partageant ses hobbies et loisirs

Amateurs et collectionneurs de tous genres adorent se retrouver pour parler de leur passion. Vous inscrire à un club ou entrer dans une association dédiée à votre passe-temps préféré est un moyen en or de rencontrer des personnes qui ont les mêmes intérêts que vous. Comment vous renseigner sur ces clubs ? Internet est un bon point de départ. Si vous adorez la randonnée et que vous habitez Marseille, lancez une recherche « randonnée Marseille ». Des dizaines d'options vont vous être proposées (certaines plus utiles que d'autres). Vous seriez surpris du nombre de clubs et d'associations qui existent pour tous les hobbies imaginables, des plus courants aux plus baroques : lecture, photo, collections, activités manuelles, voyage, sports, animaux, etc. Si vous inscrire dans un club ne vous dit rien, ce ne sont pas les autres possibilités qui manquent. Par exemple, si vous aimez voyager, prendre quelques jours de vacances et séjourner dans une auberge vous donnera de multiples occasions de rencontrer d'autres personnes aimant découvrir un pays.

En pratiquant un sport

Si vous aimez le sport et les activités physiques, la meilleure façon de rencontrer des gens qui partagent ces passions est d'aller partout où vont les amateurs de sport, et de vous inscrire, par exemple, dans le cours de votre choix. Si vous optez pour un cours de gym, vous aurez plus de chances de voir souvent les mêmes personnes si vous y allez toutes les semaines le même jour et à la même heure. Au fil des séances, il vous sera plus facile d'engager la conversation avec votre voisine de tapis, de programmer une partie de tennis ou d'aller prendre un jus d'orange ensemble après le cours.

Durant les soirées et autres réunions sociales

Les soirées et les dîners, cela va sans dire, sont d'excellentes occasions de rencontrer de nouvelles têtes et de tisser des liens plus étroits avec des personnes que vous connaissez déjà. Par exemple, participer à une soirée avec vos collègues vous permettra de les découvrir dans un contexte très différent du bureau. Et inviter vos collègues à une soirée chez vous est un moyen formidable de leur offrir l'occasion de mieux vous connaître. En plus de vos relations avec vos collègues, vous mêler à des réunions sociales, en particulier avec des personnes partageant vos centres d'intérêt, vous offrira de nouvelles occasions de faire des rencontres. Vernissages dans la galerie de votre quartier, réunions d'anciens élèves ou soirées de célibataires en sont quelques exemples.

Grâce à une agence matrimoniale, aux petites annonces et à Internet

On peut le déplorer mais c'est ainsi : les emplois du temps surchargés des uns et des autres incitent un nombre croissant d'individus à explorer de nouvelles voies de rencontres. Agences matrimoniales, forums sur Internet et petites annonces n'en sont que quelques exemples. Au rayon des agences matrimoniales, le pire côtoie souvent le meilleur. Les agences de ce type se distinguent par leur qualité, leur coût et aussi le type de services qu'elles proposent. Certaines sont plus spécialisées sur certaines catégories de populations (les professions libérales), ou utilisent des outils sophistiqués comme des tests psychologiques pour appareiller les profils. Si vous optez pour cette solution, il est sage de faire un tour des offres disponibles sur le marché avant de vous décider.

Certaines personnes connaissent de très beaux succès avec les petites annonces, que ce soit dans les journaux, sur Internet ou *via* les services d'annonces téléphonées. Néanmoins, nous ne saurions trop vous recommander la plus grande prudence. Entretenez-vous au préalable avec la personne au téléphone et, la première fois en tout cas, n'acceptez de rendez-vous que dans un lieu public. Prévoyez un rendez-vous court (pour prendre un thé ou un café par exemple) : si le courant ne passe pas, vous pourrez mettre un terme à la relation immédiatement. Gardez les pieds sur terre. Ce type de rencontres ne débouche généralement pas sur grand-chose, même si de belles amitiés ou de belles histoires d'amour ont pu naître ainsi. Dans tous les cas, rencontrer des personnes par petites annonces sera l'occasion de pratiquer les autres stratégies décrites dans ce livre.

Internet est un moyen de plus en plus populaire de faire des rencontres. Une étude indique que plus de 60 % des étudiants célibataires qui vont à l'université ont réussi à se faire un ou une ami(e) grâce à Internet.[1] Près de la moitié de ces étudiants ont même déclaré qu'ils redoutaient moins d'entrer en contact avec quelqu'un « en ligne » que dans la « vie réelle ». Une autre étude[2] a également montré qu'Internet est devenu un moyen courant de se faire des amis et de nouer des relations amoureuses. Qui plus est, pour les personnes interrogées, la qualité des amitiés « en ligne » (degré d'intimité, de satisfaction et de communication par exemple) était supérieure à celle de leurs amitiés « *off line* ».

Jusqu'à un tiers des personnes qui utilisent de manière habituelle Internet pour faire des rencontres finissent par rencontrer « pour de

---

1. KNOX D. *et al.,* "College Student Use of the Internet for Mate Selection", *College Student Journal*, n° 35.
2. NICE M., KATZEV R. , "Internet Romances: the Frequency and Nature of On-Line Relationships", *Cyberpsychology and Behaviour*, n° 1.

vrai » leurs cyberamis.[1] Mais prudence et vigilance : 40 % des personnes interrogées lors d'un autre sondage ont indiqué qu'elles mentaient sur elles-mêmes lors de ces rencontres sur Internet.[2] L'âge et le physique sont, on ne s'en étonnera pas, plus souvent travestis sur la toile que dans la vie réelle.[3]

Une dernière mise en garde : les cyber-relations ne doivent en aucun cas être considérées comme des substituts aux autres relations de votre vie. Pour surmonter les problèmes de timidité et d'anxiété sociale, il est indispensable d'affronter les situations que vous redoutez et d'améliorer la qualité de vos relations avec les autres… même – et surtout ! – lorsque vous n'êtes pas devant votre ordinateur.

Rencontrer les bonnes personnes

Une première étape pour vous faire de nouveaux amis ou de nouvelles relations est d'avoir une idée de ce que vous cherchez. Aucun individu ne peut remplir tous vos besoins sociaux, ni même la plupart d'entre eux. Chaque relation a sa raison d'être. On observe que de nombreuses personnes entretiennent des relations fondées sur un goût commun pour une activité donnée (la pratique d'un sport), et d'autres relations qui remplissent des rôles différents. Certaines relations vous apporteront de l'amitié, d'autres un soutien affectif, d'autres encore une façon agréable de passer un moment.

---

1. McCOWN J. A. *et al.,* "Internet Relationships: People who Meet Other People", *Cyberpsychology and Behaviour,* n° 4.
2. KNOX D. *et al., op. cit.*
3. CORNWALL B., LUNDGREN D. C., "Love on the Internet: Involvement and Misrepresentation in Romantic Relationships in Cyberspace vs Realspace", *Computers in Human Behaviour,* n° 17.

À quelles sortes d'amitiés ou de relations aspirez-vous ? Si vous avez envie d'une amie pour aller de temps en temps au cinéma, vous ne recherchez sans doute pas le même type de personne que si vous êtes en quête de l'âme sœur pour fonder une famille. Si votre objectif est d'ajouter du piment à votre vie, alors un bel aventurier passionné et spontané est peut-être exactement ce qu'il vous faut. Cela dit, ces qualités excitantes risquent de perdre de leur attrait une fois passé l'enthousiasme des débuts. Dans une relation plus durable, des qualités comme l'honnêteté, les valeurs partagées, le respect et la stabilité sont souvent plus importantes. Savoir ce que vous attendez d'une amitié ou d'une relation vous aidera à décider auprès de qui investir votre temps.

Dans la réalité, cependant, il n'est pas toujours évident de programmer ainsi ses affections. Vous croyez peut-être depuis toujours que vous ne pourrez être ami qu'avec des personnes qui partagent vos opinions politiques, et vous découvrez que cela compte moins que vous ne le pensiez. Cela étant, si vous recherchez un type particulier de personne en vue d'une amitié, mettez toutes les chances de votre côté, et participez à des activités qui augmenteront vos chances d'en rencontrer. Cela peut paraître évident, mais il n'est pas inutile de rappeler de temps à autre l'évidence. En d'autres termes, si vous avez envie de rencontrer un homme, évitez les clubs de tricot ! Si vous n'aimez pas boire, n'essayez pas de faire des rencontres dans des cafés.

Et vous ?

Au cours des prochaines semaines, établissez un plan pour faire la connaissance d'une personne : par exemple en parlant à un nouveau collègue au bureau, en vous inscrivant à un cours, en vous impliquant dans une association.

Consignez ici vos progrès. Si votre première tentative échoue, persévérez jusqu'à ce que vous soyez en mesure de nouer une nouvelle amitié. Notez régulièrement vos efforts.

Tentative de rencontre	Résultats

Apprendre à être à l'aise devant un public

Comme nous l'avons vu dans le chapitre 1, l'anxiété de performance est l'une des formes d'anxiété sociale les plus courantes. Parler devant un groupe, jouer la comédie ou chanter en public, mais aussi manger ou boire sous le regard d'autrui, commettre des erreurs en présence d'autres personnes, écrire sous le regard de quelqu'un, ou même être dévisagé dans la rue font partie des situations de performance communément redoutées par les timides et les anxieux sociaux. Dans ce chapitre, nous allons voir comment être plus à l'aise dans ces situations, en particulier lorsque vous faites une présentation ou un exposé. Vous y trouverez ensuite des conseils pour améliorer la qualité de vos présentations.

Surmonter l'anxiété de performance

Si vous avez lu les chapitres précédents, vous avez déjà une idée relativement précise de ce qu'il faut faire pour surmonter l'anxiété de performance et votre peur d'être le centre d'attention. Identifier et modifier vos pensées négatives et vous exposer régulièrement aux situations que vous redoutez réduiront considérablement votre anxiété de performance. En outre, comme nous le verrons dans le chapitre 10, certains médicaments peuvent également vous y aider.

Nous l'avons vu, la crainte de s'exprimer en public ou d'accomplir certaines choses sous le regard des autres renvoie généralement à la peur de l'individu de se ridiculiser, ou d'être jugé de manière négative par autrui. Les personnes qui évitent d'être le centre d'attention supposent souvent que s'exposer au regard des autres ne peut avoir que des conséquences terribles. En réalité, à long terme, les coûts occasionnés par l'évitement de ces situations redoutées sont souvent bien plus élevés que si l'individu affrontait directement les situations. Le chapitre 3 donne des conseils détaillés pour dépasser les pensées négatives qui favorisent l'anxiété dans les situations de performance. Les thérapies cognitives, rappelons-le, répondent à des objectifs précis : vous apprendre à penser de manière plus réaliste, vous aider à prendre conscience que le risque de vous ridiculiser est moins élevé que vous ne le pensez, et vous apprendre à accepter l'idée que les choses ne se dérouleront peut-être pas comme vous le souhaitez.

Chaque jour, des milliers d'hommes et de femmes à travers le monde font des présentations médiocres, commettent des erreurs, s'habillent mal, ont des conversations ennuyeuses et laissent transparaître leur anxiété sans pour autant que le ciel leur tombe sur la tête. Aussi éprouvante soit l'anxiété ressentie face à autrui, vous pouvez de temps à autre vous offrir le luxe d'une prestation médiocre. Même si votre auditoire n'apprécie pas votre présentation, même si vous passez à côté d'une vente ou d'un nouvel emploi, d'autres occasions se présenteront. La conviction profonde que vous entretenez de devoir offrir une prestation parfaite est pour partie responsable de votre anxiété. Si vous vous préoccupiez moins de ce que les autres vont penser de votre présentation, il est probable que celle-ci serait meilleure.

La voie la plus directe pour acquérir de l'aisance dans les situations où vous êtes le centre d'intérêt est de vous entraîner à être le point de mire jusqu'à ce que cela ne vous dérange plus. Comme nous l'avons vu dans le chapitre 4, l'exposition aux situations redoutées permet de réduire l'appréhension, en particulier si l'exposition est longue, reconduite régulièrement et sous votre contrôle. En vous exposant à des situations de performance, en supportant le malaise que cela suscite en vous et en acceptant l'éventualité d'une prestation médiocre, votre confiance en vous augmentera.

Maîtriser votre peur de vous exprimer en public vous aidera à améliorer votre prestation. En outre, comme nous allons le voir maintenant, il existe différentes méthodes que vous pouvez utiliser pour améliorer la qualité de vos présentations.

Améliorer ses présentations

Que vous deviez prononcer un petit discours à l'occasion du mariage de votre meilleure amie, ou que votre patron vous demande d'animer un atelier de travail d'une journée avec vos collègues, savoir faire une présentation efficace peut s'apprendre.

La préparation

Si vous savez à l'avance que vous allez devoir intervenir en public sur un sujet donné, il est sage de vous y préparer. La démarche à suivre est la suivante :

- comprendre le but de votre présentation ;
- connaître votre public ;

- organiser votre présentation ;
- répéter votre intervention.

Comprendre le but de sa présentation

S'agit-il de divertir un public ? De le convaincre de quelque chose (par exemple, d'acheter une nouvelle voiture ou d'accepter une idée nouvelle) ? De lui enseigner une nouvelle compétence ? En fonction de l'objectif de votre présentation, son contenu sera sensiblement différent. Si votre mission est de divertir ceux qui vous écoutent, vous pourrez émailler votre discours de plaisanteries ou l'accompagner d'une musique. En revanche, si vous animez un atelier au cours duquel vous devez familiariser les participants avec une nouvelle compétence ou un nouveau savoir-faire, il pourra être important de leur distribuer des documents ou de leur donner l'occasion de mettre en pratique la compétence en question, à travers des exercices par exemple.

Connaître son public

Qui va assister à votre présentation ? De combien de personnes sera composé votre auditoire ? Quel est le sexe, l'âge, le parcours professionnel des participants ? Il est également important que vous sachiez ce que le public attend de vous, ce qu'il sait déjà et ce que votre présentation doit lui apporter. N'oubliez pas que vous devez concevoir votre intervention en fonction de ces différents éléments. Par exemple, lors du mariage de votre cousin, votre discours risque d'être mal perçu si vous l'émaillez de plaisanteries que seul le marié comprendra.

De même, si vous devez faire une intervention devant un public de spécialistes, veillez à ne pas leur proposer un discours trop complexe ou trop simple. Si vous ne savez pas très bien de qui se composera votre auditoire, il pourra être utile d'interroger, avant de débuter votre intervention, quelques participants sur leur formation ou leur degré de familiarité avec le sujet.

Organiser sa présentation

Lorsque vous préparez votre intervention, organisez votre discours selon trois grandes sections : l'introduction, la partie centrale de l'exposé et la conclusion. L'introduction doit conduire progressivement votre auditoire vers le sujet traité et lui fournir une vision d'ensemble du contenu de votre présentation. Vient ensuite la partie centrale de votre intervention, au cours de laquelle vous exposerez le cœur du sujet. La conclusion, enfin, comportera un résumé des idées-clés de votre présentation et une mise en perspective de ces points, afin que votre auditoire comprenne pourquoi votre présentation était importante.

Répéter sa présentation

Si vous n'êtes pas familier de ce type d'interventions, ou si vous ne maîtrisez pas parfaitement votre sujet, nous vous recommandons de répéter votre intervention devant des collègues, des amis, des membres de votre famille ou même un miroir. Cette répétition du grand saut contribuera également à atténuer votre anxiété. Si vous disposez d'un caméscope, n'hésitez pas à vous filmer : en visionnant votre performance, vous aurez une idée plus précise de ce qu'il convient peut-être de modifier ou d'améliorer.

Un discours efficace

Vous trouverez ci-après des conseils qui vous permettront d'éviter les erreurs que commettent couramment les orateurs. Vous verrez qu'en vous conformant à ces suggestions simples, vous améliorerez considérablement la qualité de votre présentation :

- Parlez clairement et d'une voix suffisamment forte pour être entendu du fond de la salle.
- Veillez à ne pas commettre d'erreurs de prononciation. Dans le doute, vérifiez au préalable les termes difficiles dans un dictionnaire.

- Évitez les « hum », « euh » et autres « alors ».
- Regardez votre auditoire dans les yeux.
- Pendant que vous parlez, déplacez-vous et bougez les mains. Ne mettez pas vos mains dans vos poches et ne gardez pas les bras croisés.
- Ne parlez pas trop vite, et évitez de donner trop d'informations à la fois.
- Il est probable que l'attention de votre auditoire se relâchera de temps à autre. Veillez donc à répéter souvent vos idées-clés, de façon à ce que les participants sachent où vous en êtes de votre démonstration ou de votre raisonnement.
- Soyez vous-même. Évitez d'en faire trop en voulant paraître très intelligent ou très drôle. Si votre public se rend compte que vous n'êtes pas sincère, votre crédibilité sera compromise.
- Soyez prêt à répondre à des questions. Si vous intervenez devant un public important, répétez systématiquement les questions des participants pour être certain que ceux qui sont au fond de la salle les entendent. Si vous n'avez pas la réponse à une question, dites-le. N'inventez pas une réponse.

Captiver un auditoire

Votre message ne sera reçu que si vous arrivez à entretenir l'intérêt de votre auditoire. Voici quelques trucs et astuces qu'utilisent les conférenciers pour animer leurs interventions.

L'humour

Un dessin humoristique ou une plaisanterie qui vient à propos sont un excellent moyen d'entretenir l'attention de votre public. L'humour, toutefois, est une arme à double tranchant. Mal utilisé, il nuira à la présentation. N'oubliez pas que nous sommes là dans le domaine du subjectif : drôle pour les uns, un mot d'esprit sera perçu comme stupide ou même agressif par d'autres. Si vous le pouvez, testez vos dessins humoristiques ou vos plaisanteries sur des personnes de confiance, avant de les utiliser devant un public plus important. Par ailleurs, évitez de prendre qui que ce soit pour cible. Si vous voulez vous moquer de quelqu'un, moquez-vous de vous-même. Si vous prenez pour cible d'autres personnes ou d'autres groupes, il se trouvera certainement des personnes dans votre auditoire pour ne pas apprécier le procédé.

Les anecdotes

Les anecdotes personnelles sont un autre moyen utile pour impliquer votre public. Veillez à ce qu'elles soient pertinentes, en liaison avec votre propos, et à ce qu'elles ne nuisent pas à votre crédibilité, ou au message que vous essayez de faire passer.

Les illustrations et les exemples

Si vous intervenez sur un sujet ardu ou complexe, utilisez des exemples et des illustrations pour le rendre plus compréhensible et plus vivant. Par exemple, au mariage de votre cousin, citez des exemples des merveilles qu'il a accomplies, au lieu de vous contenter de dire que c'est une personne formidable. Données chiffrées et statistiques pourront aussi, le cas échéant, être utiles pour étayer vos idées-clés.

Ni trop court ni trop long

Ne vous attardez pas inutilement sur un sujet donné. Il est tentant, en effet, de faire étalage de son savoir. Résistez à la tentation. Soyez succinct et percutant.

Ne pas lire sa présentation

Une part de spontanéité et d'improvisation est généralement la bienvenue. Les discours lus ou appris par cœur sont souvent moins intéressants, voire monotones, surtout si l'auditoire se rend compte que c'est du mot à mot. Utilisez si possible un plan suffisamment détaillé pour ne rien oublier, mais qui vous permette néanmoins de présenter vos informations d'une manière vivante et intéressante. Naturellement, tous les individus ne sont pas capables de ce genre d'exercice, et tous les sujets ne s'y prêtent pas (en particulier, les sujets complexes). Dans ces cas-là, il n'y aura souvent pas d'autre option que de lire au moins certaines parties de la présentation. Il faut alors veiller à ne pas garder les yeux rivés sur la feuille qui est posée devant vous, et à regarder le public de temps à autre.

Encourager la participation du public

Selon le type de présentation que vous donnez, il pourra être utile de fournir au public des occasions de participer. Il peut s'agir par exemple de répondre à des questions de la salle, de demander au public de poser des questions, d'impliquer un spectateur dans une démonstration, ou de tester le public sur le sujet présenté.

Utiliser des supports audiovisuels

Les supports audiovisuels sont souvent utilisés pour rendre les présentations plus attractives. Diapos, présentations réalisées sur informatique, transparents, paper-board, documents, musiques ou messages enregistrés, cassettes vidéo, CD-Rom... les options ne manquent pas. Ces supports vous seront notamment utiles pour présenter vos points-clés, des titres, des photos, des citations, des illustrations et autres graphiques. Le cas échéant, n'hésitez pas à distribuer des documents. Veillez à ce que tous ces matériaux complémentaires remplissent bien leur rôle : donner plus de poids à votre présentation. Si les supports visuels que vous utilisez sont trop difficiles à lire, trop distrayants ou non pertinents, ils nuiront à votre message.

Et vous ?

La prochaine fois que vous aurez à intervenir devant un groupe, efforcez-vous de suivre certaines des recommandations proposées dans ce chapitre. Consignez dans votre journal toute différence entre cette présentation et d'autres que vous avez données auparavant. Quelles stratégies vous ont été particulièrement utiles ? Lesquelles utiliserez-vous à nouveau ?

Éléments modifiés dans les présentations	Stratégies utilisées	Résultats

La perfection n'est pas de ce monde

Depuis que nous sommes venus au monde, d'autres évaluent nos comportements en permanence, corrigent nos erreurs et nous encouragent à améliorer nos performances. Les parents apprennent à leurs enfants à marcher, à parler, à être polis et à ranger leur chambre. Les enseignants apprennent à leurs élèves la lecture, l'écriture, l'arithmétique ; ils évaluent régulièrement leurs connaissances, et leur donnent des conseils pour progresser. De temps à autre, même nos employeurs, nos conjoints, nos enfants, nos amis, voire de parfaits inconnus, jugent bon d'évaluer nos comportements et de corriger nos erreurs. Comment, s'étonner, dès lors, que certains individus deviennent exagérément sensibles au regard d'autrui et veulent en tous points être parfaits ?

Se donner corps et âme pour réaliser des objectifs ambitieux que l'on s'est fixés est généralement considéré comme une qualité. Portés par cette exigence vis-à-vis d'eux-mêmes, certains individus accomplissent des choses remarquables dans tous les domaines, du sport aux affaires, en passant par la science ou la politique. Mais le perfectionnisme peut aussi prendre la forme d'exigences tellement élevées qu'elles sont impossibles à satisfaire. L'individu perfectionniste, qui plus est, tend souvent à se montrer inflexible vis-à-vis de ses critères ; et lorsqu'il ne se montre pas à la hauteur, il sombre dans la déception, l'anxiété, la colère ou l'abattement.

Les normes que se fixe le perfectionniste interfèrent souvent avec la performance ; en effet, l'individu tend à temporiser, à éviter les situations dans lesquelles il risque de commettre une erreur, ou à consacrer un temps considérable à faire en sorte que tout se passe bien. Les individus perfectionnistes ont souvent des attentes irréalistes vis-à-vis d'eux-mêmes, ils doutent de leur talent et ont toujours peur de commettre des erreurs. Leurs attentes vis-à-vis des autres sont elles aussi excessives, ce qui, naturellement, est source de déceptions.

Dans ce chapitre, nous allons essayer de comprendre ce qu'est le perfectionnisme, et les liens qui existent entre perfectionnisme et anxiété sociale, puis nous examinerons les méthodes qui permettent de le surmonter.

Perfectionnisme et anxiété sociale

Comme nous l'avons dit dans les chapitres précédents, une caractéristique de l'anxiété sociale et de la timidité est la peur du regard des autres, la peur d'être jugé négativement. En toute logique, les grands anxieux sociaux tendent à présenter des niveaux de perfectionnisme plus élevés que la normale.[1] Qui plus est, leurs normes sont souvent beaucoup plus sévères pour eux-mêmes que vis-à-vis des autres, bien que

---

1. ANTONY *et al.*, "Dimensions of Perfectionism across the Anxiety Disorders", *Behaviour Research and Therapy*.

certains individus souffrant de formes aiguës d'anxiété sociale soient également très exigeants vis-à-vis des autres. Une anxiété sociale excessive est souvent associée à des croyances telles que :

- Il faut que tout le monde m'aime.
- Je dois toujours faire bonne impression.
- Je ne dois jamais laisser transparaître de signes d'anxiété.
- Je dois toujours me montrer brillant, séduisant et intéressant.
- Tout ce que je fais au bureau doit être parfait.
- Si les gens ne me trouvent pas génial, alors j'ai échoué.
- Il est hors de question que j'ai moins de 18 à un examen.

Les affirmations qui comportent des mots comme « doit », « devrait », « toujours » et « jamais » sont souvent le signe d'une pensée « tout noir tout blanc » (voir chapitre 3), qui peut elle-même être révélatrice d'une tendance au perfectionnisme.

Modifier les pensées perfectionnistes

Les stratégies pour faire renoncer l'individu à ses pensées perfectionnistes sont identiques à celles utilisées pour modifier d'autres types de pensées automatiques. Tout d'abord, il est utile de mettre vos pensées à l'épreuve des faits, au lieu de les considérer comme allant d'elles-mêmes. Si vous pensez qu'il est indispensable que vous fassiez toujours bonne impression sur vos interlocuteurs lorsque vous bavardez avec eux, demandez-vous : « Cela m'est-il déjà arrivé de dire une idiotie devant d'autres personnes ? » Si la réponse est « oui » (ce qui est probablement le cas si vous êtes normalement constitué), quelles ont été les conséquences ? Votre voisin s'est peut-être un peu moqué de vous, ou quelqu'un vous a lancé un regard bizarre. Ou peut-être que personne n'a rien remarqué. Votre sottise a-t-elle eu des conséquences graves ou durables ?

Si non, qu'est-ce que cela vous enseigne sur le fait qu'il soit essentiel ou non que vous évitiez de dire des bêtises ? Cela mérite-t-il tous les efforts que vous faites pour éviter de vous ridiculiser ?

Une autre technique particulièrement utile pour combattre la pensée perfectionniste est la mise en perspective. Il s'agit d'essayer d'envisager les choses du point de vue de quelqu'un d'autre. Par exemple, si vous avez peur que les gens trouvent que votre nouvelle robe ne vous va pas, posez-vous la question suivante : « Comment une personne moins préoccupée d'avoir une apparence parfaite envisagerait-elle la situation ? ». Même les plus élégants commettent parfois des impairs et vous pouvez vous permettre de ne pas être à votre avantage de temps à autre. Selon toute vraisemblance, les autres apprécieront ce que vous portez, et si ce n'est pas le cas, vous survivrez.

Un autre outil utilisé pour combattre le perfectionnisme est l'acceptation de compromis. Si l'idée de trop rabaisser vos normes vous effraie, vous pouvez peut-être commencer par essayer de les réduire un peu. Si vous mettre en quatre pour être toujours le collaborateur le plus productif de votre service engendre des problèmes dans votre couple, pourquoi ne pas accepter d'être un des cinq meilleurs et vous autoriser à passer davantage de temps avec votre conjoint ? En lieu et place d'un monde en noir et blanc, le compromis vous permet de distinguer les nuances de gris, et de comprendre que les situations sont souvent plus complexes qu'elles ne le paraissent. En d'autres termes, il y a souvent plusieurs « bonnes » façons de gérer une situation.

La tendance à se comparer à des personnes plus assurées, accomplies ou compétentes que soi est un autre trait de l'anxieux social – source de tristesse et d'angoisse. Il est normal de se comparer à d'autres – c'est une façon de savoir où nous nous situons. Cependant, la comparaison n'est réellement pertinente que si elle porte sur des individus d'un niveau sensiblement équivalent au nôtre. Si vous êtes un peintre amateur, comparer sans cesse votre travail à celui de professionnels qui exposent dans des musées ne vous mènera pas à grand-chose, sinon à vous dire que vous n'êtes pas bon. Préférez donc vous comparer à d'autres peintres amateurs.

Enfin, essayez de prendre du recul, de voir le tableau d'ensemble, au lieu de vous enferrer dans les détails. Si vous commettez une erreur pendant une présentation, ne vous braquez pas sur votre erreur. Demandez-vous plutôt : « Comment était le reste de la présentation ? Mon erreur aura-t-elle autant d'importance demain, la semaine prochaine ou l'année prochaine ? ».

Et vous ?

Au cours des prochaines semaines, notez ici toutes les pensées perfectionnistes que vous vous surprenez à avoir. À côté de chaque pensée, consignez les autres façons possibles d'envisager la situation en utilisant les stratégies que nous venons de voir. En d'autres termes, remettez en question vos pensées perfectionnistes au lieu de les tenir pour des faits établis.

Pensée perfectionniste	Autres façons d'envisager les choses

Modifier le comportement perfectionniste

Les comportements perfectionnistes peuvent être divisés en deux grands types : les comportements conçus pour aider l'individu à atteindre ses normes élevées et l'évitement des situations qui pourraient exiger de l'individu qu'il se montre à la hauteur de ses exigences. Éprouver le besoin de se préparer pour tout, ou de tout contrôler, relève par exemple du premier type. Éviter les situations sociales, temporiser ou trouver des stratagèmes subtils pour réduire son anxiété, comme boire de l'alcool avant de se rendre dans une soirée, sont des comportements qui relèvent du second type.

Bien que ces comportements visent à donner à l'individu le sentiment qu'il contrôle la situation, ils ont exactement l'effet inverse à long terme, en particulier si l'individu y a recours trop souvent. Outre qu'ils entretiennent l'anxiété, ils interfèrent souvent avec la vie professionnelle, la vie sociale, etc. Par exemple, une personne qui passe des jours entiers à répéter une brève intervention consacrera moins de temps à s'occuper d'autres choses.

L'exposition

Dans le chapitre 4, vous vous en souvenez, nous avons vu comment utiliser l'exposition aux situations redoutées pour combattre l'anxiété sociale. L'exposition peut également être utilisée pour atténuer le perfectionnisme. Pour les individus qui redoutent de commettre des erreurs ou d'être perçus comme imparfaits, les exercices d'exposition consisteront le plus souvent à faire précisément ce qu'ils redoutent : commettre des erreurs et montrer aux autres qu'ils ne sont pas parfaits. S'exposer à des situations susceptibles de ne pas tourner à leur avantage pourra également être utile, sous réserve qu'une performance médiocre dans les situations en question ne prête pas à conséquence. Voici des exemples d'exercices d'exposition :

- vous tromper de jour pour un rendez-vous ;
- oublier votre ticket quand vous allez chercher vos vêtements chez le teinturier ;
- trébucher sur des mots au cours d'une conversation ;
- déjeuner avec une amie et laisser volontairement s'installer des silences embarrassants ;
- sortir avec des vêtements que vous trouvez peu seyants ;
- perdre le fil de votre discours pendant une présentation ;
- envoyer une lettre comportant quelques coquilles.

Prévenir les comportements problématiques

Une autre stratégie pour lutter contre le perfectionnisme consiste à ne plus vous engager dans les comportements excessifs conçus pour prévenir les conséquences négatives que vous craignez. Si vous cherchez en permanence à être rassuré par les autres, essayez de vous en empêcher. Ou encore : refrénez votre besoin de contrôler, réduisez le temps que vous consacrez à la préparation de vos présentations et d'autres situations sociales. Les comportements expressément conçus pour vous empêcher de vous sentir mal à l'aise (par exemple éviter les restaurants vivement éclairés pour que personne ne remarque votre rougissement) devront également être supprimés ou modifiés.

Et vous ?

Si vous êtes sujet à des comportements perfectionnistes récurrents (vous mettre en quatre pour ne pas produire une impression défavorable par exemple), faites l'inverse.

Sous réserve, naturellement, que cela ne prête pas à conséquence, commettez délibérément une erreur ou faites une chose idiote.

Après quoi, reportez ici ce que vous avez fait et ce qui s'est produit. Qu'avez-vous appris de cet exercice ?

Comportement perfectionniste récurrent	Comportement inverse	Résultats

Les médicaments

Comme nous l'avons dit dans le chapitre 1, des niveaux extrêmes de timidité et d'anxiété sociale peuvent être révélateurs d'une pathologie, la phobie sociale. Les chercheurs ont identifié plusieurs voies de traitement efficaces contre les troubles anxieux : les approches cognitives et comportementales d'une part, présentées dans les chapitres 3, 4 et 5, et les traitements médicamenteux d'autre part. Il est toutefois conseillé de réserver ceux-ci aux formes les plus invalidantes de phobie sociale. Dans ce chapitre, nous vous proposons une vue d'ensemble des médicaments existants et des avantages et inconvénients associés à ce type de traitement. Ne l'oubliez pas : seul un médecin est en mesure de définir un traitement adapté à vos besoins.

Devez-vous envisager de prendre des médicaments ?

Avant de décider si les médicaments sont une option adaptée à votre cas, examinons les avantages et les inconvénients de ce type de traitement, dans le cadre de la prévention et/ou de la prise en charge des troubles anxieux.

Les avantages des médicaments

- Les médicaments sont efficaces. La plupart des individus qui prennent des médicaments adaptés à leurs troubles constatent une réduction de leurs symptômes. Bien que leur anxiété ne disparaisse généralement pas totalement, on observe une amélioration significative suite à la prise en charge.

- Les médicaments sont faciles à utiliser. Il suffit de ne pas oublier de les prendre.

- Les médicaments permettent parfois d'obtenir des résultats plus rapidement qu'avec d'autres traitements, notamment les approches cognitives et comportementales. Les antidépresseurs présentés plus loin dans ce chapitre donnent généralement des résultats après un mois de traitement, et certains autres médicaments plus rapidement encore. En revanche, les premiers bénéfices des traitements psychologiques ne sont généralement pas perçus avant deux ou trois mois.

- Les médicaments sont souvent moins coûteux qu'une prise en charge psychologique à court terme. Bien que le prix de certains médicaments soit élevé, le coût hebdomadaire de séances de psychothérapie l'est bien davantage. Cela étant, sur le long terme, le traitement médicamenteux sera souvent plus coûteux qu'une prise en charge psychologique.

Les inconvénients des médicaments

- Tous les médicaments ont des effets secondaires ou des effets indésirables, non négligeables, qui sont parfois mal supportés. Pour certains médicaments, les effets secondaires disparaissent après les premières semaines de traitement. L'existence de différents médicaments sur le marché permet en général de trouver le traitement adapté à chaque cas.

- Les médicaments agissent pendant le traitement, plus rarement après l'arrêt de celui-ci. Le taux de rechute tend à être plus élevé après l'arrêt du traitement médicamenteux qu'après l'arrêt de la prise en charge psychologique. Par conséquent, à long terme, les approches cognitives et comportementales sont généralement plus efficaces (utilisées seules ou en association avec des médicaments).

- Parce qu'il est souvent nécessaire de prendre des médicaments pendant des années, sinon à vie, pour en conserver le bénéfice, ce type de traitement se révèle à long terme plus coûteux que les traitements psychologiques, qui ne durent souvent que quelques mois.

- Les médicaments contre l'anxiété sociale peuvent entrer en interaction avec d'autres médicaments, l'alcool ou la drogue. Certains peuvent en outre avoir une influence sur les symptômes de diverses maladies (par exemple, augmenter le risque d'hypertension ou d'attaque chez des sujets prédisposés). La prise de certains médicaments est dangereuse au cours de la grossesse ou de l'allaitement. Comme nous l'avons déjà dit, à la lumière de toutes ces complications potentielles, la prise de médicaments doit IMPÉRATIVEMENT faire l'objet d'un suivi médical. (En d'autres termes, ne cherchez pas à économiser une visite chez le médecin en prenant les antidépresseurs de votre sœur.)

- Un dernier point concerne l'accoutumance : l'arrêt de certains médicaments est rendu plus difficile par les effets désagréables dont il s'accompagne.

Si vous avez le choix entre un traitement médicamenteux et des thérapies cognitives comportementales, sachez que les deux approches, ou une association des deux, peuvent être efficaces.

Les différentes catégories de médicaments

Les médicaments les plus couramment prescrits dans le traitement de l'anxiété sont les antidépresseurs et certains anxiolytiques (encore appelés tranquillisants mineurs). Comme nous allons le voir, d'autres voies sont également explorées depuis quelques années.

Le choix du traitement que vous prescrira votre médecin dépendra de différents facteurs :

* la nature des symptômes que vous présentez ;
* les effets secondaires associés aux différents médicaments ;
* vos réactions passées, le cas échéant, aux différentes catégories de médicaments ;
* les réactions des membres de votre famille proche aux médicaments ;
* le coût du traitement ;
* les éventuelles interactions avec d'autres médicaments que vous envisagez de prendre et les dérivés de plantes, et d'éventuels problèmes de santé ;
* la facilité que vous aurez à arrêter le traitement.

Les antidépresseurs

Vous vous demandez peut-être pourquoi les antidépresseurs peuvent être recommandés dans le traitement de l'anxiété sociale, en particulier chez des sujets qui ne sont pas déprimés. Les antidépresseurs sont en fait

192

utilisés pour traiter de nombreux problèmes, parmi lesquels les troubles de l'anxiété, les troubles de l'alimentation, le tabagisme, les migraines et, bien entendu, la dépression. De même que l'aspirine soulage la douleur et contribue à prévenir les crises cardiaques, le spectre d'utilisation des antidépresseurs est très large. Dans le cas de troubles de l'anxiété sociale, ce sont les médicaments dont les effets sont les plus étudiés et les mieux connus, et c'est vers eux que se tournent généralement les médecins dans un premier temps.

Les différentes catégories d'antidépresseurs présentent un certain nombre de caractéristiques communes. Dans le cas de la prise en charge de l'anxiété ou de la dépression, les premiers effets bénéfiques ne sont ressentis qu'après plusieurs semaines de traitement. Les effets secondaires, en revanche, sont presque immédiats et sont souvent plus aigus au cours des premières semaines. Enfin, il est généralement conseillé aux patients de prendre ces médicaments pendant un an ou plus avant d'essayer de réduire les doses ou d'envisager l'arrêt complet du traitement.

Les inhibiteurs sélectifs de la recapture de la sérotonine (ISRS)

Les ISRS agissent sur le niveau de sérotonine, un neurotransmetteur très important. Ce sont les antidépresseurs le plus souvent prescrits dans le traitement des troubles de l'anxiété sociale. Entrent notamment dans cette catégorie la paroxétine (Deroxat®, Divarius®, Paroxetine®), la sertraline (Zoloft®), la fluoxétine (Prozac®, Fluoxétine®), la fluvoxamine (Floxyfral®, Fluvoxamine®), le citalopram (Seropram®, Citalopram®) et l'escitalopram (Seroplex®). À l'heure actuelle, les effets les mieux connus dans le traitement des troubles de l'anxiété sociale sont ceux de la paroxétine, de la sertraline et de la fluvoxamine, mais il est probable que les autres ISRS sont tout aussi efficaces, leur action sur le cerveau étant identique.

Les effets secondaires des ISRS varient légèrement selon les médicaments, mais les plus courants sont les suivants : nausées et troubles de l'appareil digestif, baisse de la libido, somnolence, tremblements, éruptions cutanées, insomnie, irritabilité, fatigue, sécheresse de la bouche, accès hypersudatifs et palpitations. Dans des cas très rares, des effets secondaires plus graves ont pu être observés.

La plupart des symptômes les plus courants disparaissent en général avec la poursuite du traitement, bien que les baisses de libido soient souvent durables. Des travaux récents indiquent que le Viagra® peut réduire les dysfonctionnements sexuels chez les hommes sous ISRS.[1] Dans la prise en charge de l'anxiété, il est généralement recommandé de débuter le traitement par des doses faibles, que l'on augmentera progressivement afin de limiter au maximum les effets indésirables.

L'arrêt du traitement ne doit pas être décidé sans l'avis de votre médecin. Des syndromes de sevrage ont été observés – insomnie, agitation, tremblements, anxiété, nausées, diarrhée, sécheresse de la bouche, faiblesse, suées ou éjaculations précoces. La paroxétine tend à créer davantage d'accoutumance que les autres ISRS.

La reprise du traitement atténue généralement ces symptômes en quelques heures, et l'arrêt progressif du traitement (décroissance posologique) peut minimiser les symptômes, voire empêcher leur survenue.

Les autres antidépresseurs

D'autres antidépresseurs ont fait la preuve de leur efficacité dans le traitement des troubles de l'anxiété sociale. C'est par exemple le cas de la venlafaxine (Effexor®), de découverte plus récente. Comme les ISRS, la

---

1. NURNBERG H. G. *et al.*, "Treatment of Antidepressant-Associated Sexual Dysfunction with Sildenafil: a Randomized Controlled Trial", *Journal of the American Medical Association*, n° 289(1).

venlafaxine agit sur la sérotonine dans le cerveau, mais aussi sur un autre neurotransmetteur, la noradrénaline (NA). Parmi les effets secondaires les plus courants, on trouve les nausées, la baisse de la libido, l'insomnie, la somnolence, les tremblements, les faiblesses et la sécheresse de la bouche ; ils empirent généralement avec l'augmentation du dosage. Des symptômes de sevrage ont également été observés en cas d'arrêt brutal du traitement : insomnie, somnolence, nervosité, sécheresse de la bouche, maux de tête, faiblesse, suées ou dysfonctionnements sexuels. Ces symptômes durent en général une semaine après l'arrêt de la prise des médicaments.

Les inhibiteurs de la monoamine oxydase (IMAO) sont particulièrement adaptés au traitement des formes sévères d'anxiété sociale, mais il faut savoir qu'ils s'accompagnent d'effets secondaires aigus et de risques élevés d'interactions avec d'autres médicaments. De plus, un régime alimentaire très strict doit être suivi pendant toute la durée du traitement.

Le moclobémide (Moclamine®, Moclobemide®) fait partie de la famille des IMAO, mais ne présente pas les inconvénients généralement associés aux IMAO. Les effets secondaires et les risques d'interaction médicamenteuse et alimentaire sont considérablement réduits. Toutefois, les études portant sur l'efficacité du moclobémide dans le traitement de l'anxiété sociale donnent des résultats contrastés. Certaines ont démontré son efficacité, alors que d'autres n'ont observé aucune différence entre l'efficacité du moclobémide et celle d'un placebo (une pilule qui ne contient pas de principe actif)[1].

---

1. Pour des informations complémentaires, on se reportera par exemple à : ANTONY M. M., MCCABE R. E., "Anxiety Disorders: Social and Specific Phobias", In *Psychiatry*, TASMAN A., KAY J., LIEBERMAN J. A.

Parmi les autres antidépresseurs ayant été étudiés pour le traitement des troubles de l'anxiété sociale, on citera également la mirtazapine (Norset®). Si les premières études suggèrent une certaine efficacité de ces molécules dans le cas de l'anxiété sociale, les études sont encore peu nombreuses, et celles qui ont été publiées portent sur des échantillons de patients réduits et ne comportent pas de comparaisons avec des groupes ayant reçu un placebo. Pour évaluer la véritable efficacité d'un médicament, il est indispensable de la comparer à celle d'un placebo, de nombreux sujets souffrant d'anxiété sociale indiquant une amélioration de leurs symptômes à la suite d'un traitement avec un placebo. Il semblerait que, pour bon nombre d'entre nous, le simple fait de s'attendre à se sentir mieux suffise à favoriser une régression des symptômes d'anxiété. Dès lors, tant que nous ne disposerons pas d'études cliniques ainsi validées, nous ne pourrons mesurer la véritable efficacité de la mirtazapine dans le traitement des troubles de l'anxiété sociale.

Les autres médicaments

Bien que les antidépresseurs soient sans doute les médicaments les plus prescrits dans le traitement des troubles de l'anxiété sociale, d'autres médicaments donnent de bons résultats. Les plus populaires d'entre eux sont les tranquillisants mineurs (ou anxiolytiques), notamment ceux de la classe des benzodiazépines, couramment utilisés chez les sujets présentant des troubles de l'angoisse et du sommeil. Bien qu'il ait été démontré que plusieurs benzodiazépines soient efficaces contre l'anxiété, comme le diazépam (Valium®, Novazam®), les deux seules molécules dont les effets ont été étudiés dans la prise en charge spécifique de l'anxiété sociale sont le clonazépam (Rivotril®) et l'alprazolam (Xanax®, Alprazolam®).

Les effets secondaires les plus courants des benzodiazépines sont la somnolence, les vertiges, les états dépressifs, les maux de tête, la confusion, les troubles de l'équilibre, l'insomnie et l'irritabilité. La consommation d'alcool associée à la prise de ces médicaments est très fortement déconseillée, et les capacités de l'individu à conduire peuvent être altérées. L'un des grands avantage de médicaments comme l'alprazolam et le clonazépam est leur délai d'action très court, quasi immédiat, à la différence des antidépresseurs dont les effets ne commencent à se faire sentir qu'après plusieurs semaines. Leur inconvénient majeur est le risque d'accoutumance, qui peut engendrer des symptômes de sevrage importants – anxiété, excitation et insomnie en particulier. Bien que ces symptômes soient temporaires, ils sont extrêmement inconfortables, au point de rendre le sevrage très difficile chez certains individus. Cela explique que ces médicaments ne soient plus prescrits de manière systématique, mais seulement lorsqu'un bénéfice spécifique est attendu.

Une autre classe de médicaments parfois utilisée dans le traitement de l'anxiété sociale est celle des bêtabloquants, dont fait par exemple partie le propanolol (Avlocardyl®, Hemipralon®, ou Propanolol®). Bien que ces médicaments soient généralement utilisés dans le traitement de l'hypertension, ils contribuent également à réduire ou à supprimer les effets physiques de la peur, y compris les palpitations et les tremblements. Leur efficacité dans le traitement de troubles sévères de l'anxiété est limitée, mais ils semblent utiles dans le cas du trac auquel sont parfois sujets les acteurs, les musiciens et les personnes qui doivent prendre la parole en public.

La gabapentine (Neurontin®) est un médicament utilisé dans la prévention des crises cardiaques qui semblerait lui aussi avoir une action sur l'anxiété. Les résultats des premières études conduites sur des groupes de sujets souffrant de troubles de l'anxiété sociale vont dans ce sens.

Enfin, les dérivés de plantes connaissent un succès croissant pour le traitement de l'anxiété, de la dépression et des problèmes qui leur sont associés. En dépit de leur popularité, ils doivent être utilisés avec la plus grande prudence. Dans de nombreux cas, nous ne savons pas très bien s'ils sont efficaces, pourquoi ils marchent, s'ils sont assortis d'effets secondaires ou de phénomènes d'accoutumance, ni s'ils présentent d'éventuels risques d'interaction avec d'autres médicaments. Qui plus est, les rares produits ayant fait l'objet d'études pour le traitement de la dépression et de l'anxiété (millepertuis, kava kava, oméga-3 par exemple) n'ont pas été testés sur des groupes de sujets souffrant de troubles de l'anxiété sociale.

À l'heure actuelle, nous ne disposons d'aucune étude sur l'utilisation des dérivés de plantes ou d'autres médecines douces dans le traitement de la phobie sociale. Leur efficacité reste donc à démontrer.

Les étapes du traitement médicamenteux

Le traitement de l'anxiété sociale par les médicaments comporte cinq étapes :

1. Évaluation

2. Initiation

3. Augmentation des doses

4. Entretien

5. Arrêt

Pendant la phase d'évaluation, votre médecin vous posera des questions afin de déterminer avec vous quels sont les médicaments appropriés à votre cas. Généralement, il cherchera à identifier :

• le problème principal requérant une prise en charge ;

• tout autre problème éventuel ;

• les médicaments que vous avez déjà essayés ;

- si des membres de votre famille ont manifesté des réactions particulières à la prise de certains médicaments ;
- quels effets secondaires seront les plus gênants, au regard de votre situation.

Pendant la phase d'initiation, le médecin débutera normalement le traitement en vous prescrivant des doses relativement faibles pour permettre à votre corps de s'habituer. En règle générale, l'augmentation du dosage est progressive. L'objectif de cette phase est d'augmenter graduellement les prises jusqu'à trouver le dosage optimal, c'est-à-dire le dosage qui maximise les bénéfices du médicament tout en minimisant les effets secondaires. Il est possible qu'un médicament ne soit pas efficace sur certains sujets ou que les effets secondaires soient trop importants. Lorsque cela se produit, le traitement est arrêté de manière progressive et un nouveau médicament pourra alors être essayé.

La phase d'entretien est la quatrième phase du traitement. Le patient poursuit la prise du médicament pendant une longue période. S'il s'agit d'antidépresseurs, cette phase dure généralement un an ou plus, en vue de limiter le risque de rechute lors de l'arrêt du traitement. En ce qui concerne les benzodiazépines, comme l'alprazolam et le clonazépam, il est recommandé de limiter la durée du traitement pour éviter l'accoutumance.

L'arrêt est la dernière phase du traitement. Parvenus à un certain point du traitement, la plupart des individus essayent de diminuer le dosage ou d'arrêter complètement la prise du médicament. Il arrive fréquemment que les symptômes réapparaissent pendant cette phase, mais certains individus parviennent à arrêter la prise du médicament, ou tout au moins à réduire les dosages, sans connaître de réapparition des symptômes de leur anxiété sociale. En cas d'aggravation des symptômes, en revanche, on peut envisager la reprise du traitement, généralement avec les mêmes bénéfices que la première fois.

Dans certains cas, plusieurs médicaments sont prescrits. Certains médecins associent un benzodiazépine et un antidépresseur pendant les premières phases du traitement, de façon à obtenir, grâce au benzodiazépine, un effet immédiat sur l'anxiété en attendant que l'antidépresseur fasse son effet. Un mois plus tard, lorsque l'antidépresseur commence à agir, on peut envisager l'arrêt progressif du benzodiazépine.

L'association de plusieurs traitements

En pratique, les médicaments sont souvent associés à d'autres approches thérapeutiques, comme les approches cognitives et comportementales ou d'autres formes de psychothérapie. À l'heure actuelle, nous disposons de très peu d'études sur les effets de ces associations dans le traitement de l'anxiété sociale. Toutefois, sur la base de travaux conduits sur d'autres formes de troubles anxieux, pour lesquels les effets des traitements combinés sont mieux connus, on peut avancer que l'association de médicaments et de thérapies cognitives et comportementales constituera une option de choix pour certains individus. Ceci n'exclut pas, pour nombre de sujets, que les résultats seront tout aussi satisfaisants en utilisant l'une ou l'autre des solutions. En d'autres termes, associer plusieurs formes de traitement ne se traduit pas nécessairement par de meilleurs résultats.

Si vous débutez en même temps un traitement médicamenteux et une thérapie cognitive et comportementale, il vous sera impossible d'isoler les bénéfices de l'une ou l'autre approche. Dès lors, dans la plupart des cas, la meilleure démarche consiste à débuter par l'une ou l'autre, et à mesurer leur effet sur votre anxiété. Si vous ne constatez pas d'amélioration de vos symptômes, ou s'ils ne s'améliorent que partiellement, vous pourrez alors envisager d'associer les deux approches. En tout état de cause, ce sera à votre médecin d'en décider, après avoir discuté avec vous de l'évolution de vos symptômes et de votre réceptivité au traitement retenu.

Épilogue : et maintenant ?

Au bout de quelques mois, l'utilisation des stratégies décrites dans ce livre devrait se traduire par une atténuation significative de votre anxiété sociale et de votre anxiété de performance. N'oubliez pas de contrôler régulièrement vos progrès en vous reportant aux objectifs de traitement que vous vous êtes fixés dans le chapitre 2. Où vous situez-vous par rapport à ces objectifs ? Quelles stratégies ont été les plus utiles ? Certaines stratégies sont-elles restées sans effet ? Si oui, pourquoi ? Les avez-vous utilisées comme elles doivent l'être ?

Si vous avez progressé, le défi qui vous attend désormais est de consolider ces acquis. Si vous prenez des médicaments (en particulier des anti-dépresseurs), n'arrêtez pas le traitement avant au moins six mois à un an, pour minimiser les risques de rechute au moment de la diminution des doses ou de l'arrêt total du traitement. Dans tous les cas, prenez l'avis de votre médecin.

L'utilisation régulière de stratégies cognitives et comportementales vous aidera également à maintenir votre anxiété sous bonne garde. Par exemple, continuez à remettre en cause vos pensées négatives lorsqu'elles surgissent, et livrez-vous à de petits exercices d'exposition lorsque l'occasion se présente. Si vous être privé d'exposition pendant une longue période (pas de présentation programmée au bureau pendant plusieurs mois), ne soyez pas surpris si votre anxiété se manifeste à nouveau la prochaine fois que vous serez confronté à la situation redoutée. L'important est de ne pas retomber dans vos anciens comportements d'évitement ou de protection. Souvenez-vous que l'anxiété doit être perçue comme un signal pour affronter la situation redoutée, et non pour la fuir.

Si les stratégies que nous vous avons proposées ne vous ont pas été d'un grand secours, ne baissez pas les bras. Certains individus ont besoin d'une prise en charge plus structurée, et il ne serait peut-être pas inutile d'envisager de consulter un professionnel. Si vous ne savez pas vers qui vous tourner, demandez conseil à votre médecin de famille, ou consultez les sites Internet spécialisés. Enfin, continuer à vous documenter sur l'anxiété sociale et ses prises en charge n'est peut-être pas une mauvaise idée. Nous vous proposons à la fin du livre une liste d'ouvrages pour aller plus loin, ainsi que les références des travaux sur lesquels nous nous sommes appuyés.

Pour aller plus loin

Ouvrages généralistes

BUTLER G., *Overcoming Social Anxiety and Shyness: A Self-Help Guide Using Cognitive Behavioral Techniques*, Londres, BCA, 2001.

MARKWAY B. G., CARMIN C. N., POLLARD C. A., FLYNN T., *Dying of Embarrassment: Help for Social Anxiety and Phobia*, Oakland CA, New Harbinger Publications, 1999.

RAPEE R. M., *Overcoming Shyness and Social Phobia: A Step-by-Step Guide*, Northvale NJ, Jason Aronson Publishers, 2001.

SCHNEIER F. M. D., WELKOWITZ L., *The Hidden Face of Shyness: Understanding and Overcoming Social Anxiety*, New York, Avon Books, 1996.

STEIN M. B., WALKER J. R., *Triumph over Shyness: Conquering Shyness and Social Anxiety*, New York, McGraw Hill, 2001.

Ouvrages spécialisés

ANTONY M. M., SWINSON R. P., *Phobic Disorders and Panic in Adults: A Guide to Assessment and Treatment*, Washington DC, American Psychological Association, 2000.

BEIDEL D. C., TURNER S. M., *Shy Children, Phobic Adults: Nature and Treatment of Social Phobia*, Washington DC, American Psychological Association, 1998.

CROZIER W. R., ALDEN L. E., *International Handbook of Social Anxiety: Concepts, Research and Interventions Relating to the Self and Shyness*, New York, John Wiley and Sons, 2001.

HEIMBERG R. G., BECKER R. E., *Cognitive-Behavioral Group Therapy for Social Phobia: Basic Mechanisms and Clinical Strategies*, New York, Guilford Publications, 2002.

HEIMBERG R. G., LEIBOWITZ M. R., HOPE D. A., SCHNEIER F. R., *Social Phobia: Diagnosis, Assessment and Treatment*, New York, The Guilford Press, 1995.

HOFMAN S. G., DiBARTOLO P. M., *From Social Anxiety to Social Phobia: Multiple Perspectives*, Needham Heights MA, Allyn and Bacon, 2001.

RAPEE R. M., SANDERSON W. C., *Social Phobia: Clinical Application of Evidence-Based Psychotherapy*, Northvale NJ, Jason Aronson, 1998.

SCHMIDT L. A., SCHULKIN J., *Extreme Fear, Shyness and Social Phobia: Origins, Biological Mechanisms and Clinical Outcomes*, New York, Oxford University Press, 1999.

STEIN M. B., *Social Phobia: Clinical and Research Perspectives*, Washington DC, American Psychiatric Press, 1995.

TURK C., HEIMBERG R. G., HOPE D. A., "Social Anxiety", In *Clinical Handbook of Psychological Disorders*, BARLOW H., New York, The Guilford Press, 2001.

Autres supports

RAPEE R. M., *I Think They Think…Overcoming Social Phobia*, New York, Guilford Publications, 1999 (cassette vidéo).

Bibliographie

ANTONY M. M., MCCABE R. E., "Anxiety Disorders : Social and Specific Phobias", In *Psychiatry*, sous la direction de TASMAN A., KAY J., LIEBERMAN J. A., Chichester UK, John Wiley and Sons, 2003.

ANTONY M. M., PURDON C. L., HUTA V., SWINSON R. P., "Dimensions of Perfectionism across the Anxiety Disorders", *Behaviour Research and Therapy*, n° 36, 1998.

ANTONY M. M., ROWA K., LISS A., SWALLOW S., SWINSON R. P., "Social Comparison Processes in Social Phobia", *Behavior Therapy*, n° 36.

ANTONY M. M., SWINSON R. P., *When Perfect Isn't Good Enough: Strategies for Coping with Perfectionism*, Oakland CA, New Harbinger Publications, 1998.

BECK A. T., EMERY G., GREENBERG R. L. Ph D, *Anxiety Disorders and Phobias: A Cognitive Perspective*, New York, Basic Books, 1985.

BOLTON R. Ph D, *People Skills*, New York, Simon and Schuster, 1986.

BOWMAN D. P., *Presentations: Proven Techniques for Creating Presentations That Get Results*, Holbrook MA, Adams Media Corporation, 1998.

BROWNE J., *Dating for Dummies*, Foster City CA, Running Press, 1999.

BUCHAN V., *Make Presentations with Confidence*, Hauppauge NY, Barron's Educational Series, 1997.

BURNS D. D., *The Feeling Good Handbook*, New York, Plume, 1999.

CARDUCCI B. J., ZIMBARDO P. G., "Are You Shy ?", *Psychology Today*, nov.-déc. 1995.

CORNWALL B., LUNDGREN D. C., "Love on the Internet : Involvement and Misrepresentation in Romantic Relationships in Cyberspace vs Realspace", *Computers in Human Behaviour*, n° 17, 2001.

DAVIDSON J., *The Complete Guide to Public Speaking*, Hoboken NJ, John Wiley & Sons, 2003.

DILS T. E., *Mother Teresa (Women of Achievement)*, Broomall PA, Chelsea House Publishers, 2003.

DORIO M., *Comment préparer un entretien d'embauche*, Campus Press, 1998.

FLEMING J., *Become Assertive !*, Kent UK, David Grant Publishing, 1997.

FOA E. B., FRANKLIN M. E., PERRY K. J., HERBERT J. D., "Cognitive Biases in Generalized Social Phobia", *Journal of Abnormal Psychology*, n° 105(3), pp. 433-439, 1996.

FURMARK T., TILLFORS M., MARTEINSDOTTIR I., FISCHER H., PISSIOTA A. *et al.,* "Common Changes in Cerebral Blood Flow in Patients with Social Phobia Treated with Citalopram or Cognitive-Behavioral Therapy", *Archives of General Psychiatry*, n°59(5), 2002.

GARNER A. *Conversationally Speaking: Testing New Ways to Increase Your Personal and Social Effectiveness*, Los Angeles, Lowell House, 1997.

GOULD R. A., CLUM G. A., "Self-help Plus Minimal Therapist Contact in the Treatment of Panic Disorders: a Replication and Extension", *Behaviour Therapy*, n° 26, 1995.

HECKER J. E., LOSEE M. C., FRITZLER B. K., FINK C. M., "Self-directed versus Therapist-directed Cognitive Behavioural Treatment for Panic Disorder", *Journal of Anxiety Disorders*, n° 10(4), pp. 253-265, 1996.

HEIMBERG R. G., BECKER R. E., *Cognitive-Behavioral Group Therapy for Social Phobia: Basic Mechanisms and Clinical Strategies*, New York, Guilford Publications, 2002.

HENDERSON L., ZIMBARDO P. G., "Shyness", In *Encyclopedia of Mental Health*, sous la direction de FRIEDMAN H.S., San Diego CA, Academic Press, 1999.

HOFMAN S. G., BARLOW D. H., "Social Phobia (Social Anxiety Disorder)", In *Anxietey and its Disorders: the Nature and Treatment of Anxiety and Panic*, BARLOW D.H., New York, Guilford Publications, 2002.

HOLLE C., NEELY J. H., HEIMBERG R. G., "The Effects of Blocked versus Random Presentation and Semantic Relatedness of Stimulus Words on Response to a Modified Stroop Task among Social Phobics", *Cognitive Therapy and Research*, n° 21, 1997.

HONEYCHURCH C., WATROUS A., *Talk to Me: Conversation Tips for the Small-Talk Challenged*, Oakland CA, New Harbinger Publications, 2003.

KENNEDY J. L., DUMESNIL A., *Les Entretiens de recrutement pour les nuls*, First, 2001.

KNOX D., DANIELS V., STURDIVANT L., ZUSMAN M. E., "College Student Use of the Internet for Mate Selection", *College Student Journal*, n° 35, 2001.

KURIANSKY J., *The Complete Idiot's Guide to Dating*, New York, Alpha Books, 1999.

KUSHNER M., *Successful Presentations for Dummies*, Foster City CA, IDG Books Worldwide, 1996.

LAUMAN E. O., GAGNON J. H., MICHAEL R. T., MICHAELS S., *The Social Organization of Sexuality: Sexual Practices in the United States*, Chicago IL, University of Chicago Press, 1994.

LUNDH L.-G., OST L.-G., "Recognition Bias for Critical Faces in Social Phobics", *Behaviour Research and Therapy*, n° 34(10), pp. 787-794, 1996.

MCCABE R. E., ANTONY M. M., SUMMERFELDT L. J., LISS A., SWINSON R. P., "A Preliminary Examination of the Relationship between Anxiety Disorders in Adults and Self-reported History of Teasing and Bullying Experiences", *Cognitive Behaviour Therapy*, n° 4, 1993.

MCCOWN J. A., FISCHER D., PAGE R., HOMANT M., "Internet Relationships: People Who Meet other People", *Cyberpsychology and Behaviour*, n° 4, 2001.

MCKAY M., DAVIS M., FANNING P., *Messages: the Communications Skills Book*, Oakland CA, New Harbinger Publications, 1995.

MORGAN H., RAFFLE C., "Does Reducing Safety Behaviours Improve Treatment Response in Patients with Social Phobia ?", *Australia and New Zealand Journal of Psychiatry*, n° 33, 1999.

MULKENS S., DE JONG P. J., DOBBELAAR A., BOGELS S. M., "Fear of Blushing: Fearful Preoccupation Irrespective of Facial Coloration", *Behaviour Research and Therapy*, n° 37(11), pp. 1119-1128, 1999.

NICE M., KATZEV R. "Internet Romances: the Frequency and Nature of On-line Relationships", *Cyberpsychology and Behaviour*, n° 1, 1998.

NORTON P. J., HOPE D. A., "Kernels of Truth or Distorted Perceptions: Self and Observer Ratings of Social Anxiety and Performance", *Behavior Therapy*, n° 32, 2001.

NURNBERG H. G., HENSLEY P. L., GELENBERG A. J., FAVA M., LAURIELLO J., PAINE S., "Treatment of Antidepressant-Associated Sexual Dysfunction with Sildenafil: a Randomized Controlled Trial", *Journal of the American Medical Association*, n° 289(1), pp. 56-64, jan. 2003.

PATERSON R. J., RANDY J., *The Assertiveness Workbook: How to Express Your Ideas and Stand Up for Yourself at Work and in Relationships*, Oakland CA, New Harbinger Publications, 2000.

PURDON C., ANTONY M. M., MONTEIRO S., SWINSON R. P., "Social Anxiety in College Students", *Journal of Anxiety Disorders*, n° 15(3), pp. 203-215, 2001.

RAPEE R. M., LIM L., "Discrepancy between Self-and Observer Ratings of Performance in Social Phobics", *Journal of Abnormal Psychology*, n° 101(4), pp. 728-731, 1992.

RAPEE R. M., SANDERSON W. C., *Social Phobia: Clinical Application of Evidence-Based Psychotherapy*, Northvale NJ, Jason Aronson, 1998.

ROTH D., ANTONY M. M., SWINSON R. P., "Interpretations for Anxiety Symptoms in Social Phobia", *Behaviour Research and Therapy*, n° 39(2), pp.129-138, 2001.

ROY-BYRNE P. P., COWLEY D. S., "Pharmacological Treatments for Panic Disorder, Generalized Anxiety Disorder, Specific Phobia, and Social Anxiety Disorder", In *A Guide to Treatments That Work*, NATHAN P. E., GORMAN J. M., New York, Oxford University Press, 2002.

SEBBA A., *Mother Teresa: beyond the Image*, New York, Doubleday, 1998.

STEIN M., *Fearless Interviewing: How to Win the Job by Communicating with Confidence*, New York, McGraw-Hill, 2003.

STEIN M. B., CHARTIER M. J., HAZEN A. L., KOZAK M. V., TANCER M. E., LANDER S. *et al.*, "A Direct-Interview Family Study of Generalized Social Phobia", *American Journal of Psychiatry*, n° 155, pp. 90-97, 1998.

STEIN M. B., WALKER J. R., FORDE D. R., "Setting Diagnostic Tresholds for Social Phobia : Considerations from a Community Survey of Social Anxiety", *American Journal of Psychiatry*, n° 151, pp. 408-412, 1994.

STOPA L., CLARK D.M., "Cognitive processes in social phobia", *Behaviour Research and Therapy*, n° 31, pp.255-267, 1993.

TESSINA T., *The Unofficial Guide to Dating Again*, New York, Wiley, 1999.

TILLFORS M., FURMARK T., MARTEINSDOTTIR I., FISCHER H., PISSIOTA A., LANGSTROM B. *et al.*, "Cerebral Blood Flow in Subjects with Social Phobia during Stressful Speaking Tasks: A PET Study", *American Journal of Psychiatry*, n° 158, pp. 1220-1226, 2001.

Tillfors M., Furmark T., Marteinsdottir I., Frederikson M., "Cerebral Blood Flow During Anticipation of Public Speaking in Social Phobia: A PET Study", *Biological Psychiatry*, n° 52, 2002.

Wells A., Clark D. M., Salkovskis P., Ludgate J., Hackman A., Gelder M., "Social Phobia: the Role of In-situation Safety Behaviours in Maintaining Anxiety and Negative Beliefs", *Behavior Therapy*, n° 26, 1995.

Winton E. C., Clark D. M., Edelmann R. J., "Social Anxiety, Fear of Negative Evaluation and the Detection of Negative Emotion in Others", *Behavioural Research and Therapy*, n° 33(2), pp. 193-196, 1995.

Zimbardo P. G., Pilkonis P. A., Norwood R. M., "The Social Disease of Shyness", *Psychology Today*, n° 8, 1975.